JN146283

「吉薗周蔵手記」が暴く日本の極秘事項

解読！陸軍特務が遺した超一級史料

落合莞爾

Kanji Ochiai

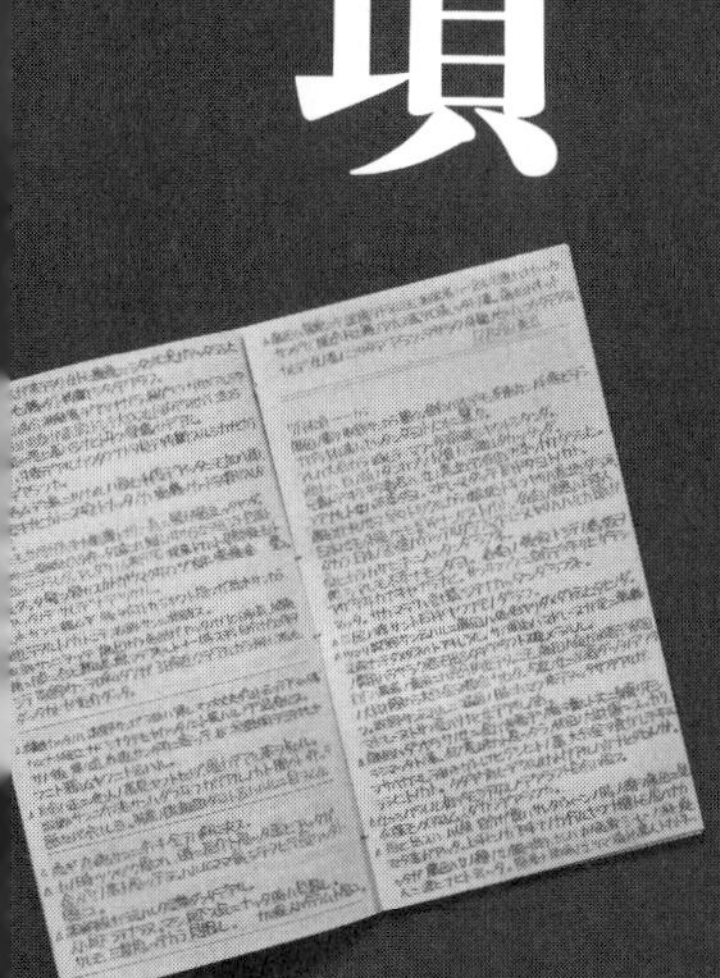

SEIKO SHOBO

〔自序〕

日本近代史の核心に触れた超一級資料

この拙著は、わたし（落合）がかつて月刊情報誌『ニューリーダー』に連載した「陸軍特務吉薗周蔵の手記」を、その後知り得た歴史的知見をもって補充および補正したものである。『ニューリーダー』の連載は元帥陸軍大将上原勇作の個人付特務（諜報工作員）の吉薗周蔵《よしぞのしゅうぞう》がその経験と見聞を記した「周蔵手記」を遺児の吉薗明子氏から渡されたわたしが、時代背景と照合して解読し検証したもので、いわゆるノンフィクションである。

平成八年四月号から毎号に連載し、平成十二年の番外一回を加えて合計百十七回に及ぶ長期連載を平成十七年十二月号で一旦筆を措いた。これがいわば『ニューリーダー』連載の「上編」である。その副題を「佐伯祐三・真贋論争の核心に迫る」としたのは、連載開始の平成八年ころに世上を騒がせていた「佐伯祐三絵画の真贋問題」に関する新説という一面があったからである。

当時「周蔵手記」は一般公開されておらず、全容を知るのは吉薗遺族だけであった。その「周蔵手記」を一覧したわたしは、日本近代史の極秘部分に触れる第一級史料と直感したものの個々の記載の意味が掴めなかったため、とりあえず佐伯祐三関係に絞るつもりで連載を始めた。その心境は『ニューリーダー』の編集陣もおそらく同様で〝佐伯祐三真贋問題に一石を投ずる新資料〟くらいに値踏みされても無理はないと思っていたが、今にして思えば、もっと深い事情があったようである。

わたしが預かったとき、「周蔵手記」は完全な未公開文書とはいえず、すでに数人の新鋭歴史学者が解読を試みていたらしいが、そのことを聞いたのは、連載を初めて十五年ほど経ったころである。歴史学者に解読を依頼したのは後藤田正晴氏と聞いたが、今にして思えば背後は大徳寺の立花大亀《たちばなだいき》和尚とみてよいようだ。

「周蔵手記」は大正元（一九一二）年八月から始まる編年体の「本紀《ほんぎ》」が主体であるが、その記事を区切るように引かれた「区分線」が、その条に関する詳細な「別紙記載」が存在することを示唆している。つまり、青字部分をクリックすると詳細な説明が浮き出てくる今日のインターネットの画面のような構造となっているのである。

その「区分線」の数からみて「別紙記載」の文字数は「本紀」をはるかに上回ることが推察されるが、わたしが渡されたのは「本紀」と数枚の「別紙記載」だけである。「別紙記載」の内容からみて、これが全部明らかになれば、じゅうらいの日本近現代史は根本から転覆するといっても過言ではないであろう。「別紙記載」こそ歴史資料として日本の宝であるが、今は何処にあるのだろうか？

ともかく、この連載が営々十年も続くとは予想するはずもなく、「周蔵手記」の解読を引き受けたわたしが、最初に感じたことは、佐伯祐三関連の記載だけを抜粋したのでは「周蔵手記」の真作性と信憑性が読者に伝わらないおそれである。だいいち、佐伯関連の抜粋だけでは「周蔵手記」の解読そのものができないのだ。

「絵画の真贋」よりも「周蔵手記」の真作性と信憑性を証明することが先決、と感じたわたしは、「周蔵手記」の「本紀」の全文を原文のまま掲載することにした。具眼の読者ならば、その文体・用語を見ただけで真作性を直感することを信じたからである。

それが『ニューリーダー』連載の「上編」である。これを編年体で構成したのは、「周蔵手記」の流れに単純に沿ったわけでなく、自然な解読のためには記述者の体験の流れにしたがうしかないからである。

いきおい「本紀」の各条を時系列に沿って解読してきたが、これでは相互に関連する多くの事件が曼陀羅《まんだら》のように縦横に展開してしまい、十年に亘《わた》る連載を隅《くま》なく見なければ全体の理解が難しい状態になってしまった。真作性の証明のためとはいえ、連載の愛読者に多大な負担をお掛けしたことをお詫びしたい。

さて、「周蔵手記」を解読してきたわたしが常に意識していたのは、そこに顕《あら》われる歴史事象の根源を洞察することであった。最初はそれに悪戦苦闘していたが、そのうちに面白いことがわかってきた。それは、バラバラの歴史事象を核とする「個別歴史系」が、可能な限り深く洞察するうちにその容積が膨《ふく》らみ、ついには歴史時空体の中で隣接する「系」と接触することである。

そこで、「個別歴史系」が融合して形成される新たな「複合歴史系」をじっくり洞察すれば、それまで「個別歴史系」を覆っていた謎が一気に解けることが分かった。その実例となる個別事象を挙げればキリがないが、広くいえば、史観の根底として、

①日本史では「欠史八代」の実在
②世界史では「ウバイド・ワンワールド文明」の実在
③すべての地域社会を「政体と國體《こくたい》の分立」としてとらえること
④思想・精神史では、「マニ教」の超宗教的思想と軌を同じくする「フリーメーソン精神」が天啓一神教《てんけいいっしんきょう》と対峙しながら世界史の進行を司っていること

この四点をハッキリ認識したうえで、これを基盤として成立したのが落合流「ワンワールド史観」である。

右のごときワンワールド史観に立ったわたしは、平成二十四年以来、「落合秘史シリーズ」と「ワンワールド・シリーズ」を発表してきた。DVDを含めれば巻数はすでに十五を超すが、その内容がじゅうらいの歴史常識ことに学校教科書の歴史とは相容れないことを自覚していたため、内心売れ行きを心配したが、結果は概ね好調で、ことに最近刊の『天孫皇統になりすましたユダヤ十支族』は、発売直後にアマゾン和書部門の日本史ジャンルでランキング一位になり、その後も古代日本史と天皇制のジャンルでずっと上位を占めている。

これにより落合史観が世間の一角に迎えられたと思っていたら、読者評として「面白いけれど証拠がない」とか、「歴史書でなく伝奇譚《でんきたん》として読んでいる」との意見が出てきた。これを好意的な読者からの「証拠を示せ」との催促と受け取っているが、そもそも証拠を隠すのが秘史であるから文献や書証があるはずもない。また、物証は解釈しだいであるから、証拠として認めるかどうかは堂々巡りになる。

そこで、秘史を記した文書を解読するにあたり、わたしが重きを置いたのは民間伝承で、あらゆる家伝や巷説に耳を澄まして記憶しておき、そのうち合点がいくものを隣接する歴史事象と突き合わせて論理的整合性が得られた場合に落合史観の状況証拠としてきたのである。

この五年間に発表してきた「落合秘史シリーズ」八巻とワンワールドに関する三冊のなかで、わたしは、日本古代史を洞察して「欠史八代の実存」やそのほか、数多くの歴史的知見を明らかにした。

これらはすべてわたしが少年時から抱いてきた素朴な疑問に発したもので、自力でたどり着いた仮説に立ちはだかる検証の壁を、皇統舎人から伝えられる國體伝承の啓示を受けることによって乗り越えたのである。網羅的かつ体系的なウバイド・ワンワールドの秘史に根底を置く國體伝承こそは人類史の決定的な状況証拠である。

本稿が目的とする「周蔵手記」は、ウバイド系測量設計シャーマンの吉薗周蔵が、元帥上原勇作の秘密諜報員としての立場を証明する必要に迫られた場合に備えて、目で見たものと心で感じたことだけを正確に記したものである。

その記載が具体的に示す近代ワンワールド史と、京都皇統から伝えられる國體伝承が合致すれば、相互に真実を保証する有力な状況証拠となる。それを目的とした本稿は、「周蔵手記」の記載の背景をずいぶん奥深く探ったため、およそ〝日記の解説〟とは見えないものとなったことを了解していただきたい。

落合莞爾（南光坊爾應）

平成二十九年丁酉如月二十三日
白梅の香漂う紀州成行庵で新天皇のお言葉を拝聴しながら書き始める。

佐伯祐三が描いた吉薗周蔵の肖像画。
撮影を嫌った吉薗の写真は一枚も遺されていない

〔目次〕――「吉薗周蔵手記」が暴く日本の極秘事項

第三章
上原勇作の密命

第四章
薩摩ワンワールドの三人の総長

［装幀］――フロッグキングスタジオ
［本文写真］――ウィキメディア・コモンズ／著者所蔵品
［写真撮影］――波風立之介

第一章

「吉薗周蔵手記」とは何か

「周蔵手記」との出会い

平成七（一九九五）年八月三十日のことであった。その夜、東京・港区三田のアパートに珍しく早めに帰宅した私は、軽く疲れを覚えたので、ベッドに身を投げ出しながら無意識にテレビを点けた。ブラウン管に「大発見か偽作か」というタイトルが浮かびあがってきた。

着替えしながら、見ようともなしに画面に向けた眼に、「佐伯祐三作品をめぐる真贋論争」の文字が映った。なぜか感じるものがあり、早速、美術品に詳しい友人の大谷満に電話をした。「早く早く、とにかくNHKを点けてみな、今すぐだ。おもしろいものをやってるから。感想は後で聞かせてくれ」

佐伯絵画の贋作騒動を主題にしたNHKの「クローズアップ現代」は、平成七年八月三十日午後九時三十分から放映された。内容は、岩手県遠野市に住む一主婦から福井県武生《たけふ》市（現・越前市）に寄贈された、洋画家・佐伯祐三（明治三十一＝一八九八〜昭和三＝一九二八。大阪市の浄土真宗本願寺派の光徳寺の次男）の作品三十数点の真贋をめぐるものである。

真贋の両論を並べた格好になっているが、それは表向きの体裁に過ぎず、NHKの本音が贋作扱いしていることが視聴者としてすぐ分かった。偽造者のイメージが具体的に湧いてこないのが不思議だが、やはりこれは贋作なのだろう。

「何とも大胆な事をするなあ、天下向こうの大ばくちというところだね。一体、誰が偽造と判定したのかね」と問いかけたところ、大谷から意外な答えが返ってきた。

「いやまあ、それはね……どうも一概には……実は、小生この問題にいささか関わりがありまして、近々ご相談に上がろうと思っていました。ついては今日はもう遅いので、明日にでもご連絡いたしまして、日にちを決めて参上します」

　そんなヤリトリのあと、大谷満が二人の婦人を伴って、港区麻布十番のわたしの事務所に来たのは平成七年九月十七日のことであった。婦人の一人は吉薗明子と名乗った。例の佐伯絵画を武生市に寄贈した当人で、もう一人は付添いのようである。

　吉薗明子は「佐伯の絵は父の遺品の中にあったもので、その経緯などは一応ここに書いてありますが――」といいながら、『自由と画布』というパンフレットと、茨城県立美術館長・匠秀《たくみひで》夫《お》の著書『未完佐伯祐三の「巴里日記」』を差し出した。

　聞くところによると、明子の父吉薗周蔵は昭和三十九（一九六四）年に他界したが、遺品として夥《おびただ》しい洋画の蒐集《しゅうしゅう》を残した。ピカソやルドン・クレーといった近代洋画の他に、昭和三（一九二八）年にパリで夭折《ようせつ》した洋画家・佐伯祐三の作品がひとまとめにしてあった。

　文書類も多く、佐伯絵画の由来を明らかにした「救命院日誌」と、自分が他界したあとに明子が取るべき処置を指示した「吉薗周蔵遺書」があり、その他にも祖母ギンヅル、薩摩治郎《さつまじろ》八《はち》・千代子夫妻、佐伯祐三・米子夫妻からの来信なども多数残されているというのである。

福井県武生市が平成六（一九九四）年八月二十四日付で吉薗明子から寄贈を受けた佐伯祐三絵画三十七点の公開作業は、一旦は順調に進み、旧公会堂を改造して美術館を作る話も具体化した。

未公開作品がまとまって出現するとき必ず付きまとう真贋問題が取り沙汰されて当然だが、吉薗伝来の佐伯に関しては、一段と騒がしいものになるだろうとの観測がすでに行なわれていた。それは、絵画と出所を同じくする「吉薗周蔵遺書」と「佐伯米子書簡」のコピーが、武生市選定委員を委嘱された富山秀男（当時、国立京都近代美術館長。美術評論家）を通じて画商業界に流出し、一部関係者の読むところとなっていたからである。

美術関係者が吉薗資料に注目するのは、それが佐伯祐三の実像もさることながら日本洋画史の隠れた部分に光線を当て、ひいては現下の洋画業界の暗部を白日にさらすことを憂慮するからだと囁かれていた。

果たせるかな、美術業界から矢が放たれた。いよいよ寄贈作品を公開という時を選んで、それは東京美術倶楽部鑑定委員会から贋作指摘の形でなされた。しかし全画商界が指摘しても所詮部外者の横槍に過ぎなかったし、その根拠も、だれが見ても明らかにつくり話と分かる「テトロン混入」を敢えていうなど、曖昧を通り越してまるで空虚なものであった。

それにも関わらず、この時から真贋論争は盛り上がった。武生市が招聘《しょうへい》した選定委員の専門家たちも、暗闇から行なわれる工作の渦中に呑みこまれていき、委員会は内部分裂に陥った。絵画の真贋並びに制作年代の判定に必要な条件が揃わないという事情によって、真贋問題の論点は佐伯作品そのものよりも「吉薗資料」の吟味に移っていったのである。

未公開文書ぞくぞく発掘

偽作説の根拠はまず、吉薗周蔵と佐伯祐三の人生航路における「遭遇点」が曖昧だという点であった。地方出身の二人の青年が、大正六（一九一七）年東京で知り合い、一方がパトロンとなって莫大な援助をし、家族ぐるみの二回にわたるパリ留学をさせた。

そのようなことは、世にあり得ないことではないにしても、まずは稀有であろう。しかし佐伯祐三に関する在来の伝記には、吉薗周蔵の名は片鱗も出てこないのである。そこで「経歴・職業や資産などによって周蔵の人物像を明確にしてくれなければ、そんな話は承認できない」という声にも一理なくはない。

だが周蔵は、自身および佐伯夫妻らによる手記、日誌、書簡等かなりの文書類を残していた。

その一部は遺児明子によって随想集『自由と画布』に編まれ、また匠秀夫の遺著として新たに公刊されたばかりであった。その他にも、未公開の文書がまだまだあり、解読すれば新たな真実が姿を現わすことが期待された。真贋の判断は、その調査を待って行なうべし、というのが真作説の言い分である。

ところが、問題の中心にいた武生市調査審議委員会（選定委員会の後身）は、座長河北倫明《かわきたみちあき》の病臥とともに、急速に贋作説に傾いた。隠されてきた事実の片鱗を暴露し始めた吉薗資料の全貌を調査しないうちに、早々と吉薗資料全体を偽造文書と極《き》めつける構えを見せたのである。

美術官僚・美術評論家の河北倫明（大正三＝一九一四～平成八＝一九九五）は、昭和四十四（一九六九）年から六十一（一九八六）年までの十七年間を京都国立近代美術館長として送り、退官後に美術館連絡協議会会長、国公私立美術館博物館運営委員として、美術館人事を壟断《ろうだん》し、美術界のドンといわれた。

長く在住した京都で親炙《しんしゃ》した立花大亀和尚からの依頼を受けて、吉薗周蔵遺品の佐伯絵画の寄贈を武生市に持ちかけたが、これまで佐伯未亡人の米子が加筆した佐伯作品をホンモノとして売ってきた画商界から猛反対され、周蔵遺品が偽作扱いされて武生市から寄贈を拒絶される事態のなかで、急死した（この件について、詳しくは拙著『「天才画家」佐伯祐三真贋事件の真実』をご参照ありたい）。

たしかに過去の真贋論争の歴史を見ても、贋作派の勝負のしどころは、この時をおいてない。それは役所・専門家・業者・マスコミなどの世俗的権威が口を揃えて早々と贋作の烙印を押してしまえば、ムラ社会の日本では、その文物が陽の目を見ることは半永久的にムリだからである。

しかし、①世俗的権威の銃口が佐伯絵画そのものよりも吉薗資料に向けられていたことと、②専門家たちの異常に性急な対応が、かえって世人の注目を惹き、吉薗資料の重要性を際立たせることになった。

たしかに吉薗明子の『自由と画布』と匠秀夫の著書『未完佐伯祐三の「巴里日記」』に現われた周蔵の履歴は、一見しただけで誰でも気がつく矛盾点だらけである。その基となった「救命院日記」の内容にも、男同士がベタベタし合う不気味さなど気分的にも納得しにくいところがあった。

翌日、吉薗明子からわたしの許《もと》に送られてきた佐伯祐三書簡は、匠秀夫の著書にすでに引用されていたが、その文体や用語・仮名遣いが、有数の俊秀を集めた大阪・北野中学の卒業生のものとはとうてい信じ難かったので、わたしは正直に言うことにした。

「もとより絵画美術の専門家ではないわたしには、絵の真贋については見当もつきません。ただ、お宅の文書類を自分の歴史知識に照らして判断し、できる限りの解明はしますが、史料としてはかなり疑わしいところも否定できません」

すると、「絵の真贋はどちらでも構わないので、事の真相が知りたいのです。ついては父の遺した資料をどんどん送りますから」と答えた明子は、早速佐伯米子の周蔵宛て書簡を十通ばかり送ってきた。その紙質・文体・文法・字体・用語・文面内容と、あらゆる点からして、これはもう作り話ではあり得ない。当初の疑問が完全に氷解したわたしは、吉薗明子にその真正を保証した。

これをきっかけに、わたしはまことに貴重な歴史資料に遭遇し、解読する機会にめぐまれることとなった。といっても、道は当初から平坦だったわけではない。

藤田《ふじた》嗣治《つぐはる》とジャン・コクトー、加えてジョルジュ・ネケルなる人物からの書簡など数通が送られてきたのち資料の提供がいったん途絶えたのは、母ツヨミの死後に一覧した記憶があると明子がいう父周蔵の手記などの所在がいまのところ判らないというのである。

それらを回収するために明子が手を尽くした経過は優に一篇の物語であるが、今にして思えば、つくり話のような気がする。真相を憶測すれば、それらの資料は大徳寺の立花大亀和尚に預けてあった可能性が最も高いようだ。

つまり、明子が佐伯絵画の真贋判定を依頼してきた本当の目的は、吉薗周蔵の手記をわたしに読ませることであった。謀主は明子でなく大徳寺の立花大亀和尚で、それまで大徳寺が管理していた周蔵の手記を、明子を通じてわたしに渡したものと推察している（立花大亀〔明治三十二＝一八九九～平成十七＝二〇〇五〕は臨済宗僧侶であり、大正十年に出家。京都大徳寺塔頭《たっちゅう》徳禅寺の住職となる。大徳寺派宗務総長を二期つとめ、昭和三十八年最高顧問。四十八年大徳寺内に如意庵を復興して庵主となる。五十七～六十一年花園大学学長）。

大本営参謀辻政信とも親交

わたしはとりあえず、『自由と画布』を意訳しながら、戸籍などの資料と突き合わせる作業から始めた。

『自由と画布』によれば、周蔵の父林次郎《りんじろう》は、宮崎県の豪農吉薗家の女ギンヅルが慶応元（一八六五）年に京都で知り合った堤《つつみ》某との間にできた子で、五歳のときに堤某が他界したため、母とともに母の郷里宮崎に戻り、吉薗家で育てられた。吉薗家の当主萬助《まんすけ》には実子がいなかったから、林次郎が跡を継いだ。

すなわち吉薗林次郎は、母方が吉薗氏、父方が堤氏なのである。堤某は公家の武者小路と縁戚だが実体がわからないと、『自由と画布』のなかで明子はもどかしがるが、わたしにはすぐに見当がついた。

これは間違いなく公家の堤家のことである。したがって、堤某とは明治二（一八六九）年四月に薨去《こうきょ》した正三位右兵衛頭堤哲長《あきなが》である。哲長の死後に堤の家督を継いだのは甘露寺功長《かんろじいさなが》であるが、その兄の受長《おさなが》は勘解由小路資生《かでのこうじすけより》の女婿で、勘解由小路家はたしかに武者小路家の縁戚である。

また周蔵がよく、「新宿の内藤が……」と語っていたというのも裏打ちになった。功長の孫の堤雄長《かつなが》は、内藤新宿に広大な地所を有する子爵内藤頼輔《よりすけ》の女婿であったからである（内藤頼輔は信濃国高遠藩主内藤氏の当主で維新後は子爵。内藤町の旧邸が新宿御苑となり、今も近くに内藤邸がある）。

もう一つ明子が知りたがっていたのは、昭和三十年代に千葉市郊外の吉薗宅を頻繁に訪れていた「辻某」の実体であった。「この人のことがわかれば、父のことがはっきりするかも知れない」というのである。

明子のうろ覚えだが、「辻はあれから中国に行って、そのまま行方不明になった」と周蔵が言っていたのを頼りに、河北倫明・富山秀男ら武生市選定委員の先生方に聞いたが、誰も知らないようだった、という。そこで、あるいは日本共産党の関係者ではないかとも思い、党本部にも電話で問い合わせたことがあるが、心当たりはないと言われたといい、情報の不足を嘆くのである。

思い当たったわたしは、辻政信《つじまさのぶ》の写真をファクシミリで明子に流したところ、「ああ、この方です。この方は一体、どんな方だったのですか?」という声が返ってきた。昭和三十六(一九六二)年秋、参院議員に在任中に東南アジアの旅に出たままラオスで消息を絶った元大本営参謀大佐の辻政信と周蔵は親交があったというのである。

辻政信は明治三十五(一九〇二)年生まれで周蔵より八歳下。大東亜戦争の作戦指導に当たった陸軍大佐であり、満洲で関東軍を動かしていた元憲兵大尉甘粕正彦《あまかすまさひこ》の紹介で周蔵と知り合う。戦後密かに帰国するが、戦犯容疑で連合国から追われた際、周蔵によって奥多摩に匿《かくま》われた。その後参院議員となり、しばしば千葉市郊外の周蔵宅を訪れていたが、昭和三十六(一九六一)年秋に旅行先のラオスで行方不明となったため、七年後の昭和四十三(一九六八)年に死亡宣告がなされた。

また、甘粕正彦は明治二十四(一八九一)年生まれで周蔵の三歳上。関東大震災に際して無政府主義者大杉栄を殺害したことで有名な元憲兵大尉であり、上原元帥がフランス留学中に作った隠し子の日仏混血女性が愛人となったため、上原のウラの〝女婿〟として、周蔵と上原の連絡役をしていた。満洲国の建国の中心となった甘粕は大本営参謀の辻政信と共同して山下奉文《とも》大将を援《ゆき》け、シンガポール攻略に成功した。昭和二十(一九四五)年八月二十日に満洲で服毒自殺したとされるのは偽装死で、帰国したのち東京で病死したといわれる。

また、首をかしげながら「救命院日誌」をめくっていた私は、「上原勇作は自分と縁戚で」と述べた箇所にピンと感じるものがあった。陸軍元帥上原勇作の縁者とあらば、周蔵は陸軍に関係していたのではないか？

以上の三点が融合してわたしの脳中に吉薗周蔵の輪郭がおぼろげに浮かんできた。すなわち、吉薗周蔵の仕事を国事探偵と見た場合には、『自由と画布』の示す多くの矛盾が解消されることに思い至ったからである。

驚くべき生々しい記述

わたしが一心不乱に佐伯の未亡人米子の手紙などを解読していた平成七（一九九五）年十二月末、周蔵の祖母堤ギンヅルの手紙が明子の叔母・池田チヤの荷物から発見されたと言ってきた。東亜鉄道学校東寮の吉薗周蔵に宛てたもので、内容は「今度は医専のときのような失敗はするな……上原大将の教えをよく守り、また医専へ通うように」と諭したものである。

東亜鉄道学校は現在開新高等学校になっているが、同校から在籍証明書が取れた。これで周蔵の学歴の一端が明白となり、それを糸口として周蔵像の解明は進んだ。

平成八年一月五日になり、池田チヤが知人に預けていた「張作霖からの拝領品」と伝わる陶

辻政信

上原勇作

立花大亀

甘粕正彦

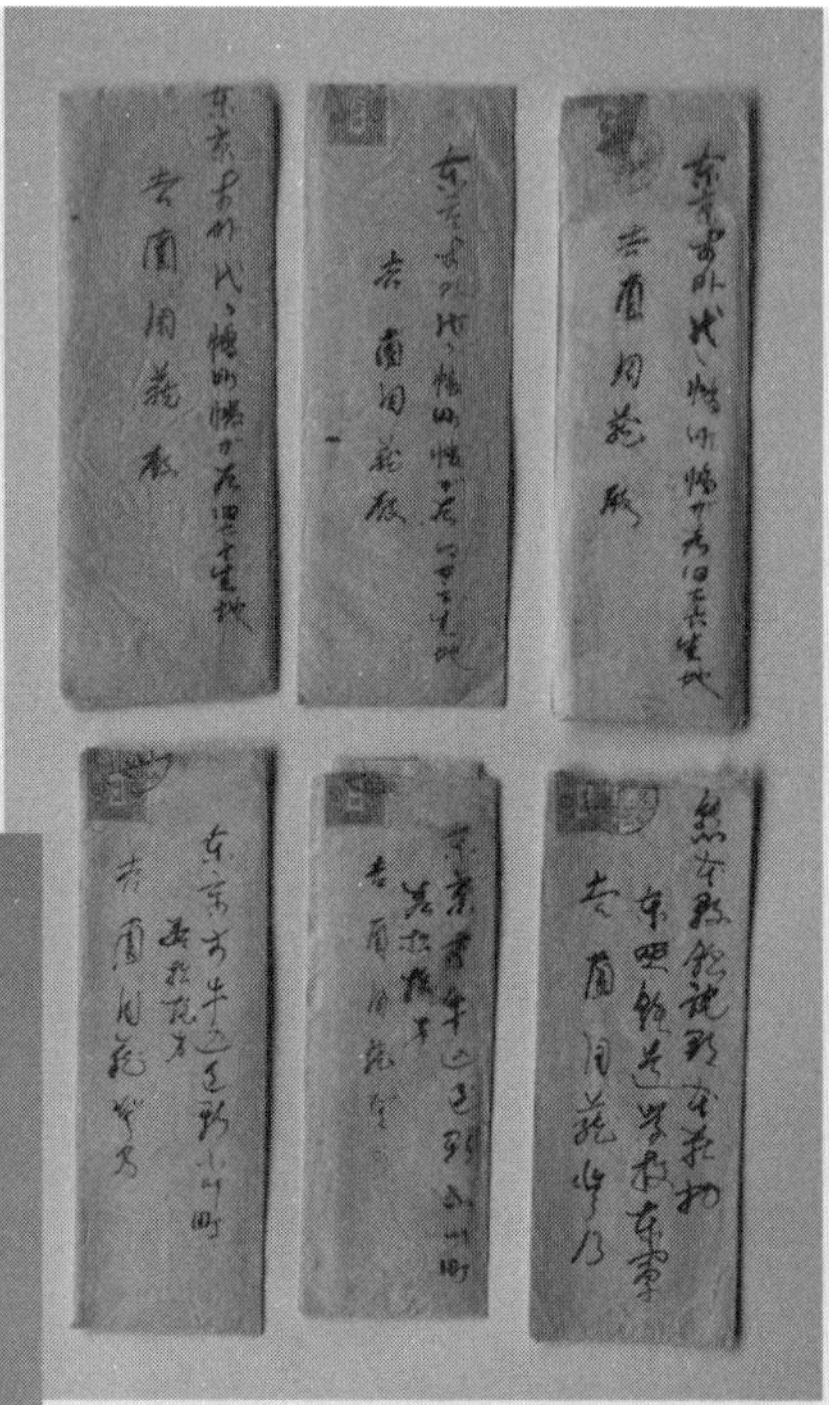
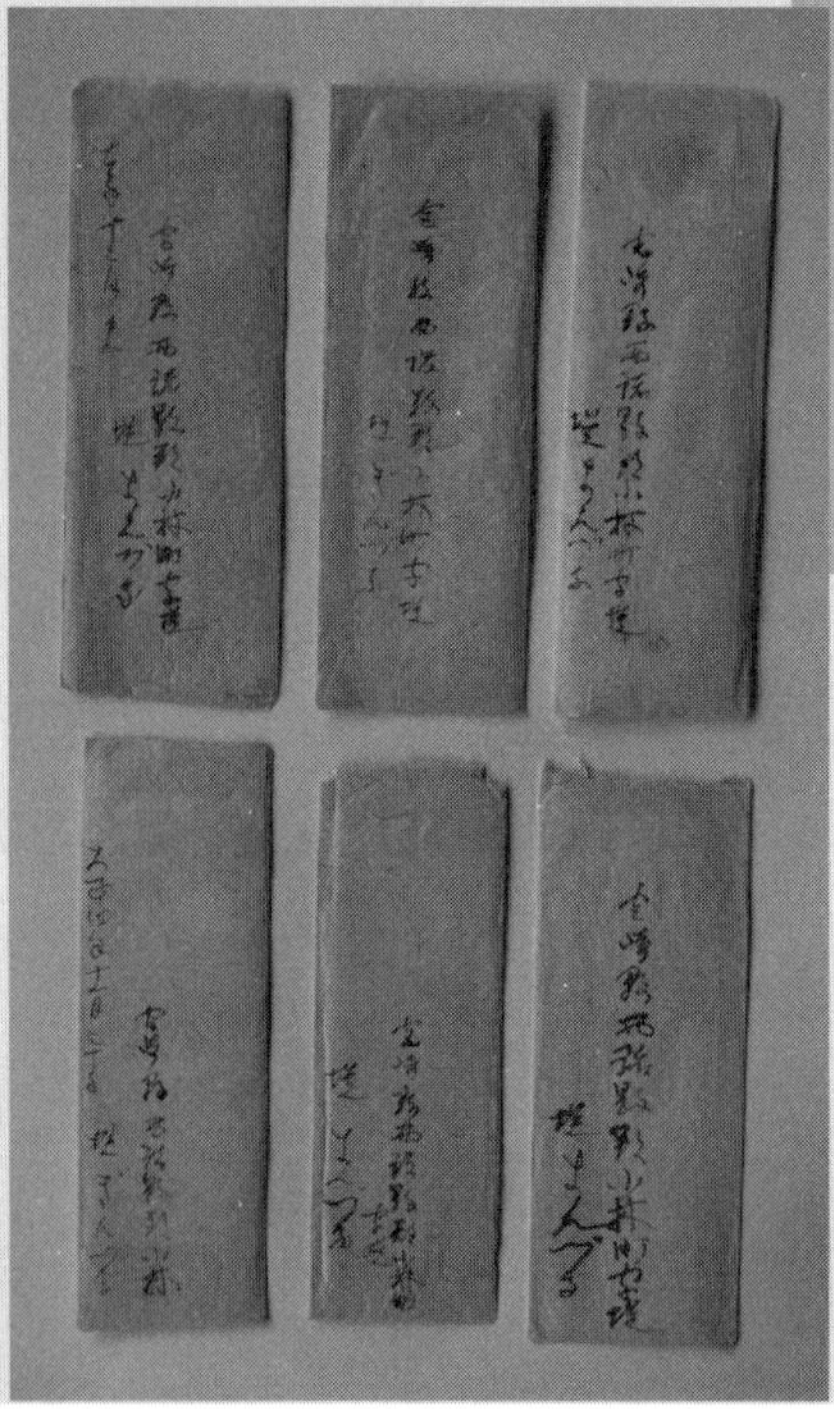

吉薗周蔵に宛てた祖母ギンズルの書簡

磁の壺の中からも、ギンヅルの書簡が何通か見つかったとのことで、送られてきた。「よく、草になると決心しもした」とか、「草といえば忍《しのび》のことでごあん……」というその文面からも、周蔵が軍事探偵ないし国事探偵であったことがはっきりしてきた。

ギンヅルの書簡といっしょに出てきたのが、吉薗資料中の中心的存在でかつ最も貴重な「吉薗周蔵手記」である。冒頭に「上原閣下（時ニ陸軍大臣・中将） オ目通リニ ツイテノコト」の項がある。大正元（一九一二）年十八歳のとき、初対面の上原勇作から「草を命ずる」と言われ、それを引き受けたときに周蔵の一生が定まったことが、それで理解できた。

周蔵はその日から永年にわたり、自筆の手記を認《したた》めてきた（以下「周蔵手記」と称する）が、そこには、上原勇作付の陸軍特務として活動した周蔵の眼を通して、大正・昭和の日本国家の動きが裏側からとらえられており、その内容にはこれまでの歴史常識を覆すものがある。

ことに、明治末から二十年間にわたり、日本陸軍のトップとして軍令系統にいすわったままで、表立って立法と政治に関与しなかったため、史家からその存在を忘れられてきた上原勇作の行蔵《こうぞう》がはっきり表われている。

後年の陸軍統制派と皇道派の対立の結果、軍は国家の道を誤り日本を破滅の淵に投げ込んだが、その原点が上原と田中義一《ぎいち》・宇垣一成《うがきかずしげ》との対立に兆《きざ》したことが判る具体的事実の生々しい記述もある。

周蔵と佐伯祐三が結び付けられた経緯も、西本願寺のトップ大谷光瑞《おおたにこうずい》が陸軍首脳の上原勇作に依頼したこととして如実に記されるが、上原と大谷の関係にまで遡ることはできない。

わたしは職業史家ではないが、明治・大正から昭和初期にかけて、日本のたどってきた道を自分ながら研究してきた。その時期には、平和国家となった戦後日本の常識では理解しがたいことが日常行なわれていた。

東京裁判史観とそれに基づく社会教育の結果、当時の世界状況と日本を取り巻く欧米列強およびアジア諸国の実情から目を逸らされた戦後人は、その時代の祖国と父祖の実績をいたずらに悪意をもって見ようとしてきたが、我々の父祖は痴呆でもなく狂気でもなかった。ただ生を享《う》けたこの国と、ここに住む家族を外国の奴隷にせぬために、あらゆる努力をしていたと思う。

その観点からすれば、「周蔵手記」の内容がいかに驚くべきものであっても、特段不可解なものとは思えない。

この「周蔵手記」が日本近現代史の解明に資することは間違いなく、一刻も早く公表すべきもの、と私は判断した。そこで月刊情報誌『ニューリーダー』の足立亶編集長の誘いを受けて、同紙に連載を開始したのが「陸軍特務吉薗周蔵の手記」である。

当初、わたしが気がかりだったのは、「周蔵手記」の内容に史的常識と相反するものが少なくないので、これを見た史家がどのような反応を見せるか、ということである。佐伯祐三本人

昭和９年の吉薗周蔵手記
（右・右下）

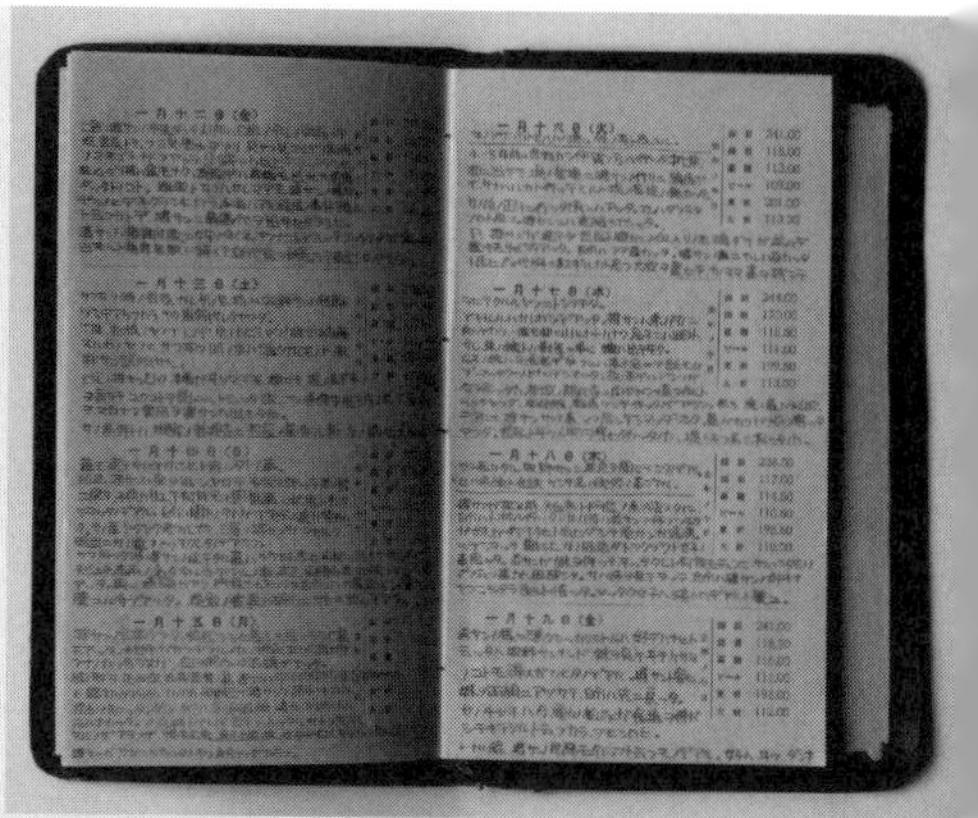

昭和10年の手記

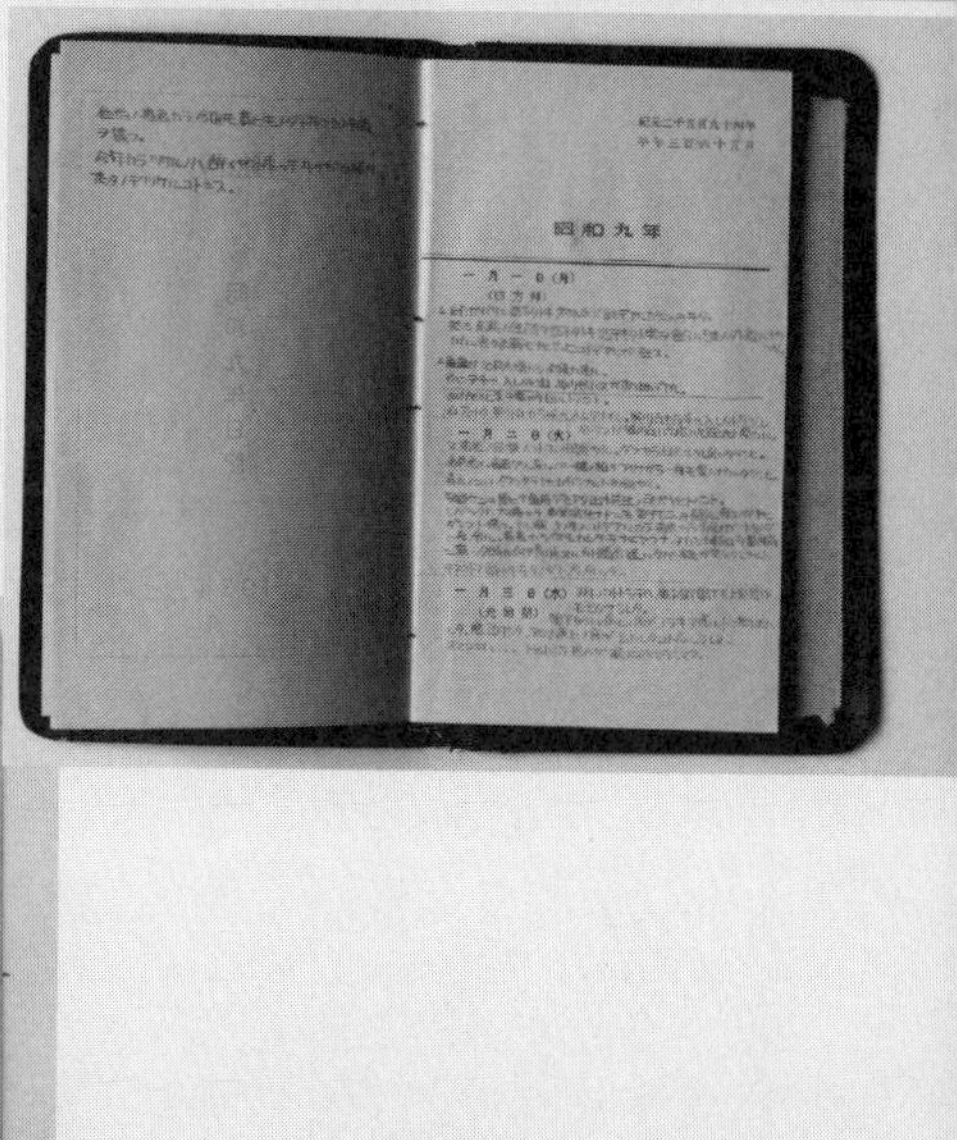

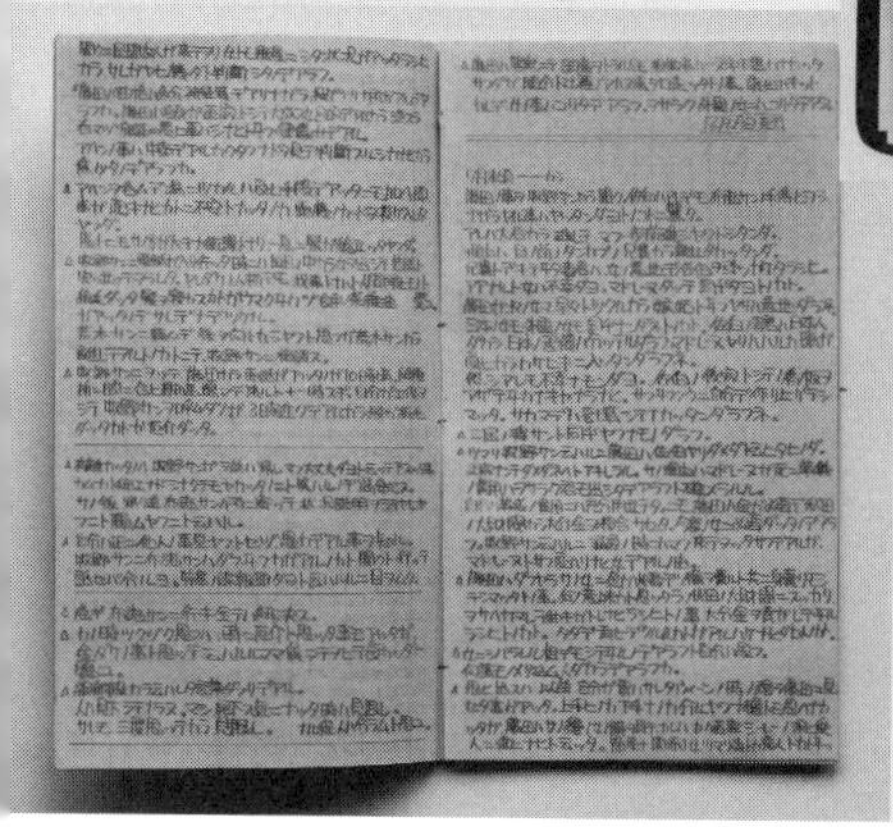

手記は硬質の鉛筆でびっしりと
書き込まれている

佐伯祐三のデッサン

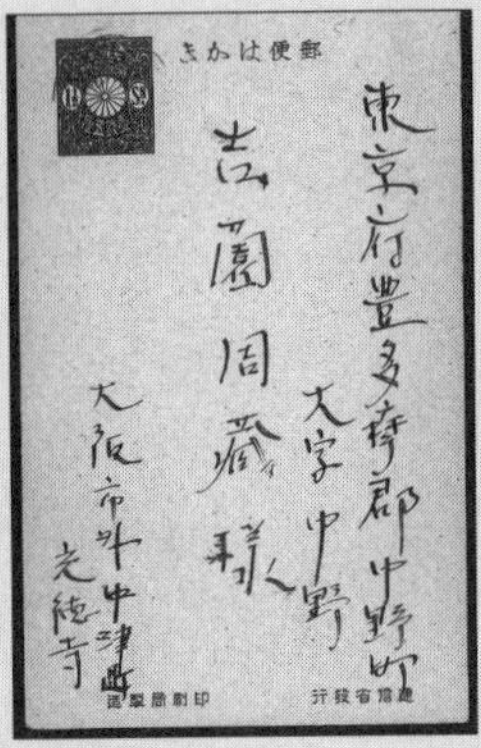

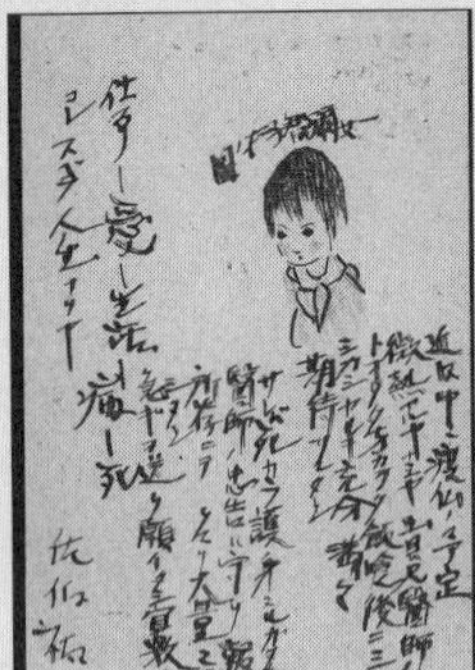

渡仏直前の佐伯が吉薗周蔵に宛てた葉書

佐伯祐三

に関する記載もその一つで、美術史的常識と矛盾することは間違いないからである。

しかし、佐伯に関しては「周蔵手記」以外にも吉薗家に伝わる資料が多く、佐伯本人の手紙やメモなどが残されており、習作を含めて遺作もたくさんある。妻の米子から周蔵にきた手紙も多いし、佐伯夫妻に関わった藤田嗣治や薩摩治郎八の手紙もある。

それらを分析することで周蔵と佐伯祐三の関係が合理的に立証され、それが吉薗周蔵の実在を証明することにもなる。そのように考えたわたしは、「周蔵手記」の全文解読により、その真作性はもとより、信憑性をも主張しうるという自信が湧いた。

それを綴ったのが『ニューリーダー』連載の「上編」である。編年体で構成したのは、「周蔵手記」の時間の流れに単純に沿っただけでなく、自然な解読のためには記述者吉薗周蔵の体験の流れにしたがうしかないからである。上編は十年も続き、百十八回で終了した。

連載十年のあと紀伝体の「中編」を始める

さて「上編」の終了後、数カ月して『ニューリーダー』の足立編集長から再び連載を求められたので、再開したのは平成十八年十二月であった。これが新連載である。

「上編」は昭和八（一九三三）年の満洲国建国の記事をもって終わったが、「周蔵手記」の記載は昭和十三（一九三八）年まで続くので、新連載は残りの五年分の解読から始めるべきではあるが、思うところがあってそれを保留した。

理由は昭和初年からまだ七、八十年しか経過していない当時は、戦前の政治状況の残響がまだ完全に消えていない時期で、「周蔵手記」に実名を記載された先人の家族や関係者がまだ生存していたからである。

そこで、「周蔵手記」の昭和八年条をもって編年体の一応の終着点とし、平成十八年からの新連載は、過去に立ち戻って個別事象をより深く追究することとした。「上編」で各条の解説を終えた後になって新たな情報を得たり、解釈の不徹底に気づいたことが少なくなかったが、編年体のために後戻りができないのが残念であった。

折角の新知見の発表を後回しにするしかないのが遺憾だったわたしは、新連載では「上編」の内容をテーマごとに集めて、新情報を盛り込み新解釈を加えた紀伝体にした。このため個別事項に深みが加わり、歴史の真相に一層近づけたことと自負している。

新連載は、平成二十八年十二月号の第百十七回が回数で「上編」と並ぶこととなり、十月二十七日の三笠宮薨去発表に触れるめぐり合わせとなったのは奇瑞としか言いようがない。わたしの知らぬ間にわが人生を決定したのが三笠宮殿下と立花大亀和尚であった奇譚は追って明らかにするが、ともかく、ここまでを一区切りとして「陸軍特務吉薗周蔵の手記」の「中編」としたい。

――佐伯祐三の調査は「周蔵手記」を解読させるのが目的

平成十八年から「中編」を書き進めているうちに、「周蔵手記」がわたしに渡された理由と背景がだいたい判ってきた。

背景とは大徳寺とその裏に潜む偽史勢力で、彼らがわたしに「周蔵手記」を読ませるよう仕向けたのである。それも、単純に解読させるだけでなく、歴史に対するわたしの興味を煽り、歴史研究に誘い込むのが目的であったと断じてよい。

周蔵の死後、立花大亀和尚に大事にされてきた吉薗明子は、大亀和尚の依頼を受け、佐伯絵画の真贋判定を口実にわたしに接近したのである。そのための資料として「周蔵手記」を届けさせた大亀和尚の目的はわたしを歴史研究に誘うためであるが、亡父の遺品の佐伯絵画を世に出したかった吉薗明子はそれを知らされずに利用されたと思える。

大亀和尚配下の勢力の主たるものは、歴史関係が京都大学名誉教授上田正昭、報道関係が朝日新聞、財務関係が野村証券と日興証券であった。大亀和尚の談合相手は駐留米軍横田基地で、もちろん日本の政界首脳も関わっている。

ようするに戦後日本人を歴史歪曲によって精神的に抑圧してきたのは、上田正昭ら古代史グループと、日本の貿易黒字をドル建て連邦債券の給付でごまかすことで、わが国の経済的成果を搾取してきた米国首脳と国際金融グループの連合であった。その頂点に三笠宮崇仁《たかひと》親王がいた背景はワンワールドの歴史を知らなければ到底理解しえないが、その詳しい説明は本稿の範疇ではない。詳細は拙著『天孫皇統になりすましたユダヤ十支族』をご参照いただきたい。

この勢力に煽動された一部の大手マスコミが謂《いわ》れのない悪声を皇族に放ってきたが、先帝および当今《とうぎん》陛下の隠忍により静謐《せいひつ》が保たれてきたのである。

あとで判ったことだが、わたし自身も、このグループによって個人的な経済活動を妨げられて都落ちに追い込まれたのだから、平成二十八年十月二十七日の三笠宮薨去の発表はわたしにとっての解放宣言でもあった。

吉薗明子はその後、気の毒にも佐伯作品の武生市寄贈をめぐる刑事事件に巻き込まれ、不可解な処分を受けたことを機に、わたしとの直接連絡は途絶えたが、この一件の背景がほとんど判明した以上、恨みに思うことなぞいささかもない。しかも、経済活動を阻止されたかわりにわたしが得た「史眼」は、考え方によっては金銭や地位・勲章よりもはるかに価値があるから、わたしは吉薗明子に感謝しているのである。

聞くところでは、立花大亀がわたしを歴史研究に誘ったのは「南北朝強制合一の真相」を隠蔽する偽史工作をやらせるつもりだった、という。

南北朝の強制合一説を唱えるのは、現状は世界中でわたし一人で、進んで賛成する歴史家はいない。だから、何もせずに従来の偽史のまま放置しておけば良いものを、と思うが、「南北朝の合一」は、日本史はおろか世界史の最大の変曲点で、欧州王室の淵源と國體勢力が所有する黄金ファンドに関係するので、従来の偽史を補強させるためにわたしを起用しようとしたようである。

「南北朝の強制合一」とは、大塔宮護良親王《おおとうのみやもりなが》の王子が北朝光厳上皇の第一皇子を偽装して崇光天皇になることにより、実質的に南北皇統が合一したことであるが、詳しくは拙著『南北朝こそ日本の機密』をご参照頂きたい。また護良親王の子孫が渡欧して欧州王室に入ったことも、拙著『欧州王家となった南朝皇統』に詳述したのでご一覧願いたい。

立花大亀和尚が計画していた偽史工作の核心は、護良親王が益仁《ますひと》親王（のちの崇光天皇）を儲けた場所を、実際の紀州調月《つかつき》村と異なる大和国信貴山とすることで、これによって崇光天皇の実母を何者かとすり替え、以後の日本皇統の系図を歪《ゆが》めるのが目的であったと聞く。

その偽史工作を負わせる予定のわたしが、たまたまそれ以前に、護良親王が紀州那賀郡吉仲《よしなか》荘調月村で井口左近の娘に王子を産ませた秘史を知ってしまったので、大亀和尚はやむを得ず偽史工作を諦めたと聞くが、わたしが井口左近の名を初めて知ったのは、たしか平成九（一九九七）年ころである。当時は崇光天皇の秘事など思いも寄らなかったのに、大亀和尚にしては諦めが早すぎるではないかと思う。

なお『ニューリーダー』の連載は今後も続く予定で、先日送稿したばかりの平成二十九年三月号掲載の第百二十回が「下編」の第三回となる。この「下編」が将来、「前編」「中編」と回数で並ぶことはさすがにあり得まいが、例の昭和八年以後の各条の解説を並行的に作成し、これを「下編」に継ぎ足すことで時間の進行に抵抗しようと考えている。

また学術研究のためには「上編」も「バックナンバー」のまま放置するわけにはいかないので、そのうちに単行本としてまとめたいと思う。

連載当初、画商界から実在さえ疑われた吉薗周蔵の概容が明らかになり、佐伯祐三絵画の真贋問題も、「上編」と「中編」によりすでに達成されたと思うので、本稿は「中編」と同様に紀伝体として原文を掲載せず、必要ある場合に限り引用することにした。

『ニューリーダー』の連載に当たって苦慮したのは、「周蔵手記」が原文のままでは読みづらいことである。日記類の常として固有名詞が説明なしに現われるから注釈が欠かせないし、また内容も当時の社会状況と趨勢《すうせい》を念頭においてこそ理解できるから社会状況を解説する必要があり、それがために原文の何倍にも膨らんだ解説を施すこととなった。

それを事項ごとにまとめて、さらに掘り下げるつもりの本稿は、重複をさけるために、原則として原文を割愛することとしたが、何と言っても原典は「手記」であるから、一応その体面を保つため、最初は原文の冒頭を掲げてこれに解説を施すこととしたい。

■――上原勇作閣下の自宅面接

明治四十五（一九一二）年七月三十日をもって改元し、大正元年となる。その三日後から「周蔵手記」は始まるが、その第一冊の表紙には、『上原閣下（時ニ陸軍大臣・陸軍中将）ニオ目通リニツヒテノコト』とある（原文はカタカナであるが、本稿では平仮名、新仮名遣いに変えた）。

大正元年八月
△二日　有名な上原閣下の　手ノ者　と称する人物　三居《さんきょ》に来る。
△九日　上原閣下に　目通りの為　東京に　出ること　決る。
周助おじと　前田治兵衛とが　同行
この間　いろいろあって　軍手配の　宿に居る。

二十二日夜　上原閣下　手ノ者に　伴われ　會う。
夜は　閣下の自宅に　泊る。
閣下の手ノ者　云うに　中将ではあるが　大将に間もなく　とのこと。
三居の婆さんの　一等のひいきであるに、きっと　うれしかろう。

ときに吉薗周蔵は十九歳（本稿はすべて数え年）で、宮崎県西諸縣郡小林村の生家にいた。生家は、父林次郎が当主で、母の木下氏キクノと林次郎の母ギンヅルが同居していた。吉薗家の先代萬助に子がなく、妻の妹ギンヅルの連れ子林次郎が家督を継いだので、当主の母として隠居を極めこんだギンヅルは当地の方言で「三居《さんきょ》」と呼ばれていた。「三居」とは周蔵の育った日向から薩摩にかけての方言で、隠居の一種で同じ家族内に住んでいる当主の姉妹をいう。京阪地方でいう「小姑」のようなものだ。

「上原閣下」とはギンヅルの甥の陸軍大臣上原勇作中将のことである。上原の「手ノ者」とは前田治兵衛で表向きは八幡製鉄所関係の仕事をしていたが、裏で上原の密命を受けていたのである。

前田の用件は、「上原にお目通りさせるから上京せよ」ということで、上京が決まり、八月九日に前田と木場周助に伴われて周蔵は上京した。

ところが上原は多忙で、なかなかお目通りが出来ず、陸軍が手配してくれた旅館で待っていたが、ようやく二十二日の夜に上総一ノ宮《かずさいちのみや》の上原の別荘で紹介者の前田治兵衛に伴われて会うこととなった。夜は上原別荘に泊めてもらうが、前田と木場周助は別宿であったと考えられる。

前田治兵衛の話では、今は中将だが上原はまもなく大将になるとのこと。叔母として育ててきたギンヅルは勇作が自慢の種だから、大将になればきっとうれしかろう、と周蔵は思ったのである。

明治三十九（一九〇六）年七月に陸軍中将に進級して六年経つ上原が大将に進級したのは、前田が言うほど早くなく、これより二年半後の大正四（一九一五）年二月であった。

上原陸相との一問一答

上原勇作は単刀直入に質問し、周蔵はこれに答えた。

閣下からの質問

一・なぜに中學を　僅か十日で　辞めもしたか

二・山本閣下の命の　高等工業へは　何故　受験だけで　行かなかったか

数學・物理學のことを　説明す。
答えるを　迷ったが　腹をくくって　正直に云う。
時間の無駄　と思った　と話す。

よか　と云われて　胸を　撫でおろした。
三居の　婆さんの　おかげか。

得意とするものは何か　には　特になし。
だが　簡單にできるものはある。
数學・物理・語學では　英独なら　書いて分かる程度にできる。
文字書くのは　まったく　だめ。
字を　見れば分かる　とのこと。

上原の質問は周蔵の測量・設計の才能を探るものであった。

周蔵は飛び級したと伝わるから、宮崎県立都城中学（現・泉が丘高校）に入学したのは、おそらく小学五年終了の明治三十九（一九〇六）年の春のことと思われる。小林からは通学できないので都城町内に下宿したが、一カ月で退学してしまった。小林村に戻ることもできない周蔵は、都城にいたまま県庁の測量を手伝ったりしていた、と吉薗家伝にある。

優しい林次郎は見て見ぬフリをしてくれたが、教育ババのギンヅルは収まらず、周蔵は上京させられて縁戚の武者小路実篤の書生になったが、やがて帰郷して熊本医専に入った。

上原は、その間の事情を聴きながら周蔵の能力を確かめるため、得意科目を尋ねた。

「得意ちうても　特にありまっせん。ただ簡単に出来もす科目としては、数学・物理。語学では英語、ドイツ語ならば読めもすし、作文程度ならばやいもす」

周蔵の自己申告を聞いた閣下は、一言「ヨカ」とだけ口にした。秀才兵科といわれる工兵科を首席で出た上原は学歴よりも能力を、人文系よりも理数系を重んじており、その点、周蔵には学歴を問題にしない大きな見所があった。ようするに能力が理数系に偏り過ぎて学校教育が合わないのである。

「文字書くんは苦手で……」

「そいは、おまんの字を見ればわかりもす」、とカラカラと笑った閣下は、やがて顔色を改めて、周蔵に語りかけた。

上原夫妻は新婚当初、東京・四谷の南鮫ケ橋町に住んだが、日清戦役の前に愛住町に移り、明治三十一（一八九八）年に赤坂台町一番地に最初の自宅を建築した。敷地九百二十九坪、建坪百五十坪の大邸宅で、敷地は義父の野津道貫《のづみちつら》から与えられたので名義を槇子夫人にしていた。大正七（一九一八）年までここにいて大正十（一九二一）年に大井町鹿島谷の地所を購入して新築したとされるが、どうやらそれ以前から別宅としていたらしい。

一方、大正九（一九二〇）年から鎌倉に別荘旧林庵を築き、大正十四（一九二五）年から上総一ノ宮に復如庵を作ったとされるが、「周蔵手記」では、周蔵が大正三（一九一四）年にここに呼ばれており、ずっと以前から住んでいたことが明らかである。

上原は「土地はいきなり買うものではなく、永く住んでみて土地の事情をよく知ってから買うべきものである」と周蔵に語っていたという。

本稿では、「周蔵手記」の他の箇所の記載を頼りに、どの上原邸なのかを推定した。

■――「草を命ずる」

それは話というより、ほぼ命令であった。

閣下の話の内容
話と云うよりは　ほぼ　命令と云える。
一・草を命ずる　と云うのだ。
こん　おいに　おまんの命　あずけてたもんせ。
そいも　捨てるつもりで　たのみもす。
重ねて　上原閣下に　命をくれと　單刀直入に　云われた。
即答は　しなかった。
三居の婆さんの　意見もあろうが　自分の一生の　ことでもあるし
八日内に　返事をする　と答える。

「草を命ずる」と言い出した上原は、「この俺《おい》に命を預けてくれ、それも捨てるつもりで頼む」というのを、周蔵は命令と受け取ったが、三居の意見を聞かずに返答はできないし、何より自分の一生のことである。「八日のうちに返事をいたします」と答えて切り上げた。

――大体に於て　草（クサ）とはなんぞ。――

自分の知り得る限り、草とは　忍者の末端のことであるはず。
自分を捨てろ　ということであろう。
自分は　それほど　無意味な人間に　なれるか　否か。

閣下は　自分に　何故それを　命ずるのか？
自分は　老けておる　とのこと。
何才に見えたるか　と聞くに　四十は過ぎとるようだ。
熊本でも　そう云われた。女に　そう云われた時は　情なか　と思うたが
やはり　そのようだ。
老けておる方が良い　と云われる。それにも　限度がある。

海軍大将山本権兵衛閣下の計らいによる熊本高等工業の受験を、周蔵が忌避したことは後に述べるが、みずからも波動幾何系シャーマンである上原勇作が、ギンヅルから聞いて波動幾何系シャーマンと見当をつけていた周蔵の、素質と性格を直接確かめる目的で行なったこの問答で、合格点を付けた周蔵に切り出したのは、「草になれ」という命令であった。
「草」とは忍者の一種のことである。当時の社会常識としてこの語を知る者が多かったが、実

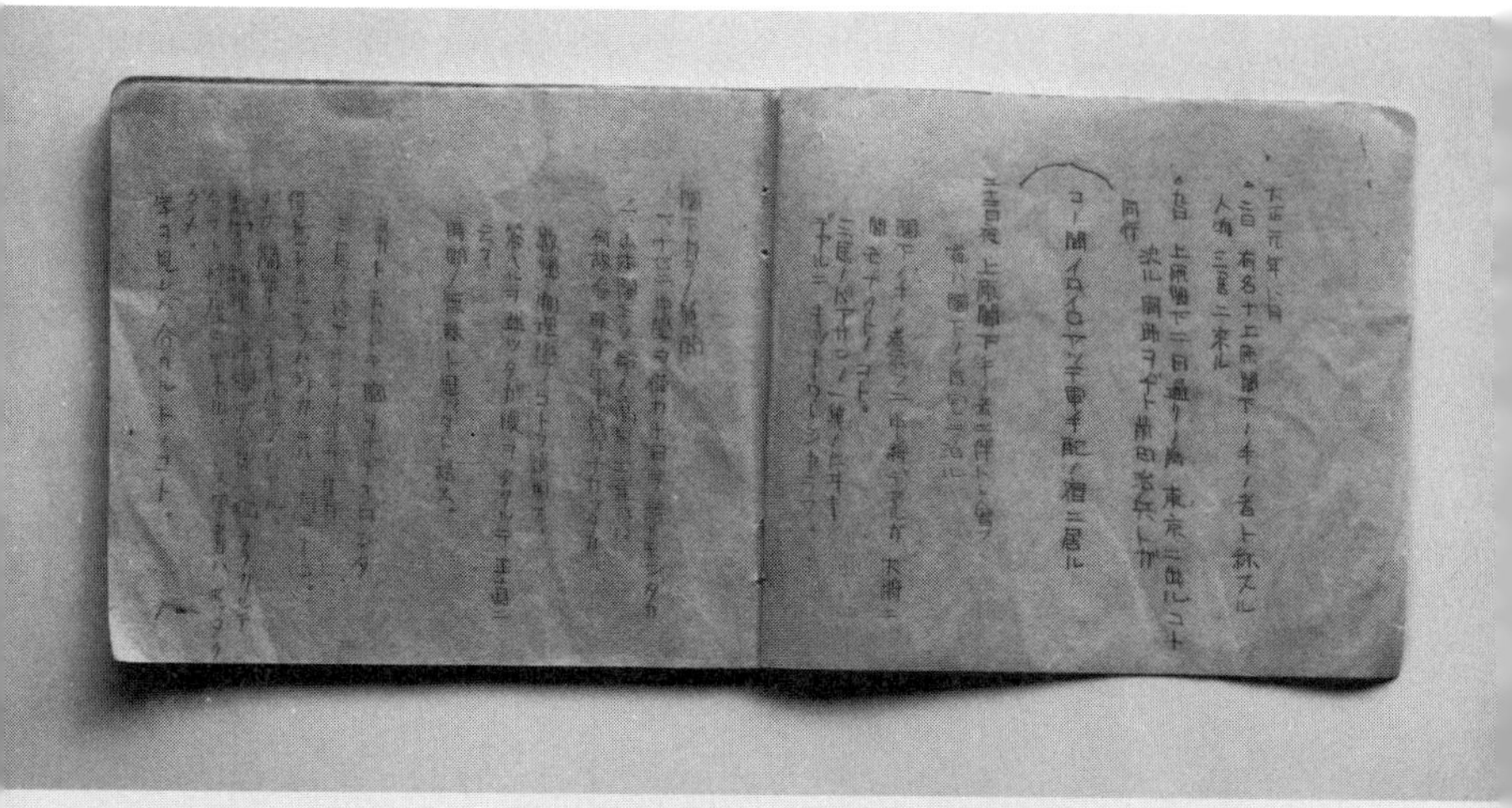

和紙を綴じた手記には上原勇作を訪ねる経緯が記されている

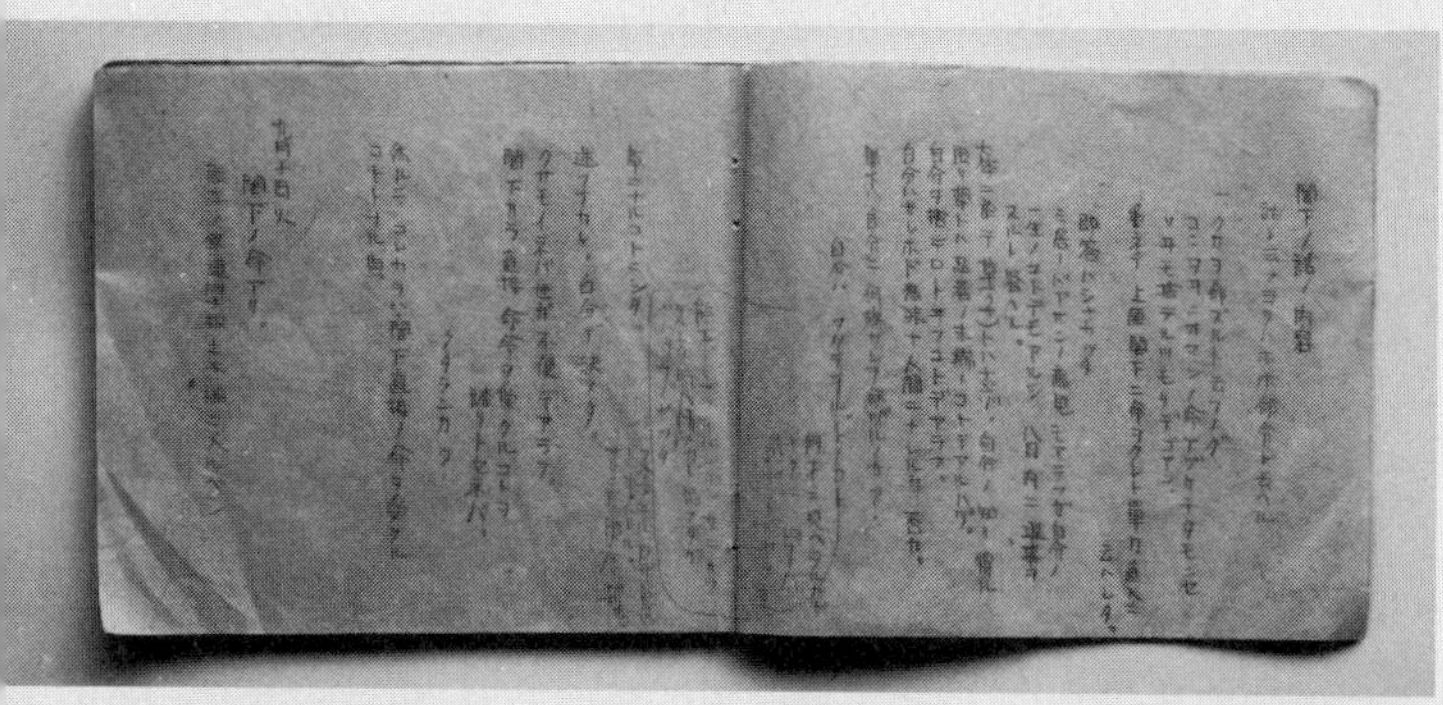

上原の面接を仔細に記録した箇所

表紙の片隅に
「上原閣下オ目通リニツヒテノコト」とある

態が謎に包まれていたのは当然である。

聞くところによると、忍者には大別して三種あり、①「草」とは定住して周囲の信用を得ながら諜報活動に携わる者、②「犬」とは行動を主として諜報活動に携わり、③「歩」とは特定の作業をコツコツと行なう者の謂いである。

上原はなぜ自分に「草」を命じたのか。思い当たることは、自分が年齢よりずっと老けて見えることである。大正六（一九一七）年、血液型分離法の研究のためウィーン大学に潜入した周蔵は、カール・ラントシュタイナー教授（一八六八〜一九四三）から直接教わってきて本邦にて伝えたが、その長旅の間、東洋人と視られたことは一度もなかったという。

姉のミキに至っては瞳が茶色だったので、それを怪しんだ周蔵が調べたところ、ギンヅルの実家岩切家の何代か前にポルトガル人の血が入っていた証拠をつかんだという。戦国時代にポルトガル人の往来が盛んだった日向海岸では、幕藩体制の厳しい鎖国令にも拘らず、密入国が絶えなかったらしい。

上原から四十過ぎには見えると言われた周蔵は、このとき十九歳である。その三年前に熊本医学校に通っていた時に知り合った女からもそう言われた周蔵は、先祖からの遺伝のおかげで年より大幅に老けて見えることは、忍者としては好都合といわれて複雑な心境になった。

上原勇作付陸軍特務の誕生

周蔵が「草」を引き受けたのは熟慮というより、かなり老けて見えるという自覚が潜在的に作用したとも思われる。それは人間の決断は、往々にして他人の窺い知れぬ心境から発するからだ。

草になることにした。迷うなかれ。自分できめた。
草もいねば　世が不便であろう。
閣下から　直接　命令を　受くることを　誇りとせねば。
くだらんか?
然るに、これからは　閣下直接の命を　受くることとなる由。

「草」とは、具体的なことは知らないが忍者の末端と聞いていた周蔵は、それが名誉名声には恵まれない仕事であることは想像がつく。「草」を引き受けることを決心した周蔵は、ギンヅルが喜ぶとは思えないので、あえて報告しなかった。

上原から軍部所属と個人付のいずれの立場を選ぶか問われた周蔵が、個人付を希望すると、「ただいまより上原勇作付陸軍特務とする」と言った上原が即座に命じたのが、熊本医専の薬事部で「罌粟《ケシ》栽培」を実地研究することであった。

これ以後、熊本医専薬事部の無給研究員となった周蔵が、自ら栽培した罌粟から採った罌粟粉すなわち「アヘン末」を上原に納めると、莫大な報酬があったうえ、生産量をなるたけ増やすため全国各地で生産農家を確保するように命じられた。

「周蔵手記」が記す周蔵と上原の問答を見ると、上原は陸軍大臣になるまで罌粟とアヘンのことを全く知らなかったことはたしかである。それが陸軍大臣になったとたんにアヘンの重要性を認識して、個人としても「手ノ者」が必要になり、周蔵の登用を図ったのである。

したがって、前田治兵衛が周蔵を誘い出したのはギンヅルの請託を受けたもので、上原勇作の「手ノ者」にするためにギンヅルが工作したとみるべきであろう。

この流れから、堀川御所のダミーのギンヅルと薩摩ワンワールドの表看板の日高尚剛（鹿児島の実業家）が、陸軍用アヘンの生産を目的にした事業に乗り出したことは、火を見るよりも明らかである。

第二章

吉薗周蔵の背景

■――周蔵の生地・日向国西諸県郡《にしもろがた》小林村字堤

「吉薗周蔵手記」を解読して諸賢に解説するには、まず記述者の吉薗周蔵の説明から始めねばなるまい。

吉薗周蔵は明治二十七（一八九四）年五月十二日、宮崎県西諸県郡《にしもろがた》小林村字堤《あざつつみ》（今の小林市堤二三九六番地）で農業を営む吉薗林次郎と妻キクノとの間に生まれた。

小林村は宮崎県の山中の盆地で、西南は直線十キロメートルに聳《そび》える霧島山が鹿児島との県境を成している。小林村から霧島山頂に向けて真っ直ぐに二十キロメートル延ばした先は鹿児島県国分《こくぶ》市（現在は霧島市に併合）で、険しい霧島山塊の山麓を右側から迂回すると到達する。左回りは都城市を経由することになるが、それでも国分に行くことができ、そこからは鹿児島城下もそう遠くない。

周囲を山林に囲まれた小林盆地は江戸時代からよく開墾され、日向米や雑穀・野菜のほかタバコなどの換金作物に恵まれ薩摩絣《がすり》の賃加工生産も発達している豊かな土地柄で、薩摩藩主島津本家の領地だったから、住民は薩摩人を自認している。

吉薗家のように「薗」の字の付く姓は、大隅隼人の末裔で盆地を支配する一族という。ちな

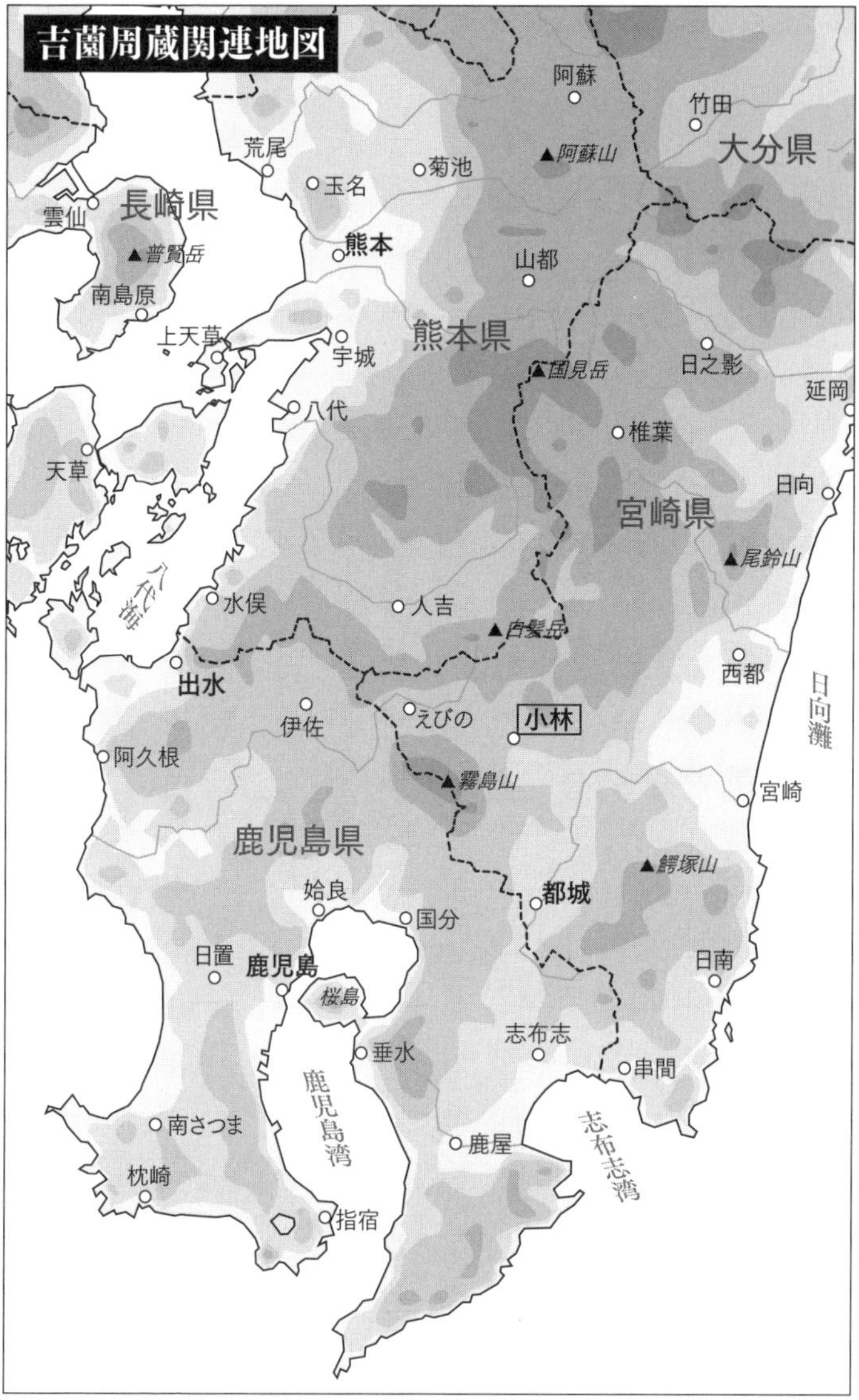
吉薗周蔵関連地図
阿蘇
竹田
大分県
荒尾
阿蘇山
菊池
玉名
雲仙
長崎県
熊本
普賢岳
山都
南島原
熊本県
上天草
宇城
日之影
国見岳
延岡
八代
椎葉
天草
日向
宮崎県
尾鈴山
八代海
水俣
人吉
白髪岳
西都
出水
日向灘
えびの
小林
伊佐
阿久根
霧島山
宮崎
鹿児島県
鰐塚山
始良
都城
国分
日置
日南
鹿児島
桜島
志布志
垂水
串間
鹿児島湾
志布志湾
南さつま
鹿屋
枕崎
指宿

みに山林を支配する一族が「荘」、海岸を支配するのが「院」だと教えてくれたのは吉薗明子である。

近世は専《もっぱ》ら農業に携わり、米作のほか畑作では国分（葉たばこ）が多く、賃加工による薩摩絣の製造も行ない、山中にいながら薩摩節（鰹節の一種）の生産にも関与していた吉薗家は、大正七（一九一八）年に持山の四分の一を売っただけで三万円（今の三億円近い）になったほどの大地主で、換金作物の比重が大きいから、金回りもよかった。

吉薗家代々の縁組み先は木下氏・内竹氏ら大隅隼人系であったが、これらの家は薩摩藩士とも縁を結んでいた。古代に陸奥国築館《つきだて》の岩切から移ってきて当地の豪族となった橘姓岩切氏との縁も深く、吉薗の家紋「丸に橘」は岩切氏にあやかったものという。宗旨は浄土真宗本願寺派である。

周蔵の血筋はしかし、吉薗家代々のものではない。

父の吉薗林次郎は吉薗家の養女ギンヅルが生んだ公家堤哲長の子で、母ギンヅルは都城藩士四位次兵衛具張が岩切氏から嫁いだ某女に産ませた子である。また、母のキクノは大隅隼人系の木下家から林次郎に嫁いできたが、その母系は未詳である。

欧人の血も混じる周蔵の家系

吉薗周蔵の血脈は公家の堤家、大隅隼人の木下家、縄文系の岩切家、薩摩武士の四位《しい》家から受けている。母の木下家はインドネシア系海人の隼人族であるから広義の縄文系といえるが、父方祖父の公家堤家も祖母の岩切家もウバイド系縄文血統と見てよく、結局周蔵の血脈はかなり濃い縄文海人系である。

大隅隼人の木下家から吉薗林次郎に嫁いだキクノは七人の子を生んだ。その第三子が明治二十七（一八九四）年生まれの長男周蔵である。ちなみにこの年は、わたしの外祖父小畑弘一郎および同郷の成功者・松下幸之助の出生年でもある。

周蔵が幼少の頃、父の林次郎は黙々と農作業をはじめ家業に勤《いそ》しんでいたが、祖母ギンヅルは長期間にわたり吉薗家を留守にすることがあった。周蔵は、ギンヅルが実家の岩切家からもらった自分の領地の高原あたりで畑仕事にでも携わっているものと思っていたが、実際は東京や京都に出掛けていたのである。

ギンヅルが東京に出ていたのは、当時枢密顧問官の陸軍中将子爵高島鞆之助《たかしまとものすけ》らの薩摩人を動かす政治工作であるが、上京後の勇作の教育のためでもあった。当時は宮崎から東京・大阪への船便があり、一等個室の船客となって宮崎の港を出航すれば、上等の食事とともに、安全で疲れない旅行が楽しめたという。

右は吉薗明子から聞いた家伝であるが、本稿がここで明らかにするのは、堀川御所の國體天皇に仕えていた旦那堤哲長の手伝いをするため、ギンヅルが宮崎から東京・京都間を往来していた事実である。

周蔵の転々たる学歴

明治二十七年生まれの周蔵は、数え年八歳の明治三十四（一九〇一）年に、いわゆる〝八つ学校〟で、尋常小学校に上がった。前年の小学校令の改正で尋常小学校の修学年限が四年に統一されたから、三十八（一九〇五）年には尋常科を修了して高等科に進学したとみられる。

幼少時に柿の木から落ちた後遺症のため右手で文字を書き続けることができなかった周蔵は、それが学業に影響を与えたのか、ことに国語が嫌いだったが、数学は好きでどんどん自習していき、進みすぎて担任の訓導を困らせるほどの秀才だった、という。

ちなみに、当時の中等学校の受験資格は、①尋常科修了とする一方、②満十二歳以上との規定もあり、①に拠れば小学校四年修了時点で、②に拠れば小学校六年修了の時点で中等学校を

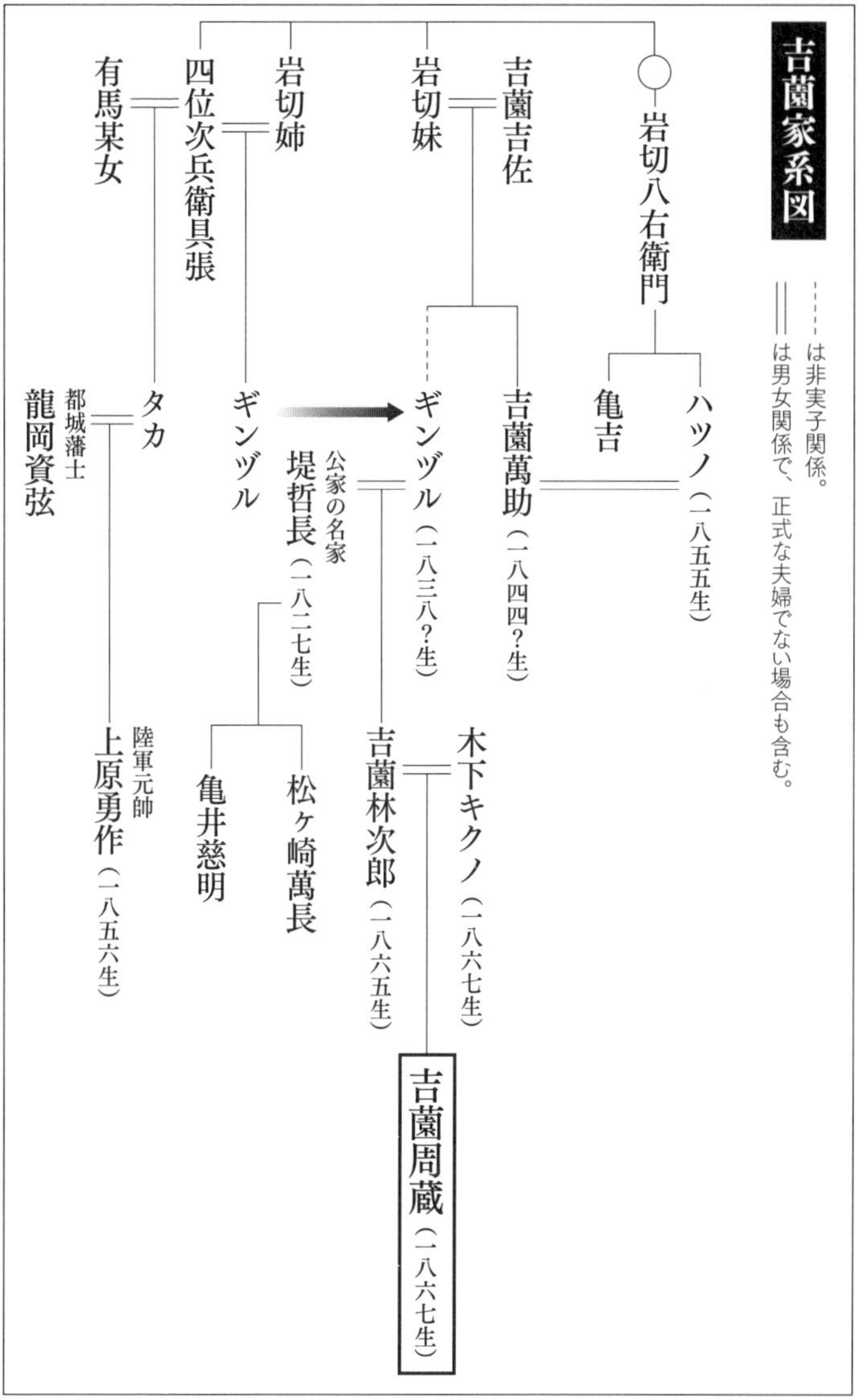
吉薗家系図
----は非実子関係。
＝は男女関係で、正式な夫婦でない場合も含む。
○
岩切八右衛門
ハツノ（一八五五生）
亀吉
吉薗吉佐
岩切妹
吉薗萬助（一八四四？生）
ギンヅル（一八三八？生）
公家の名家
堤哲長（一八二七生）
岩切姉
ギンヅル
四位次兵衛具張
有馬某女
タカ
都城藩士
龍岡資弦
木下キクノ（一八六七生）
吉薗林次郎（一八六五生）
松ヶ崎萬長
亀井慈明
陸軍元帥
上原勇作（一八五六生）
吉薗周蔵（一八六七生）

受験できたわけである。大正八（一九一九）年には③小学五年修了の段階で校長推薦により中学校を受験できる「飛び級」制度が定められているが、この制度は明治時代からあったらしい。結局、周蔵は③によって、高等科一年を終了した明治三十九（一九〇六）年に宮崎県立都城中等学校に入学を許されたようである。

小林村から通学できる距離ではなく都城町に下宿した周蔵は、十日ほどは通学したものの、旧制中学程度の数学では物足りず、逆に他の教科にはまったく興味が湧かなかったので、勝手に退学してしまう。

英才ながら学校教育には馴染《なじ》めないタイプだった周蔵の中退を、優しい林次郎は知らぬ振りをしてくれたが、〝教育ババ〟のギンヅルは収まらない。戊辰戦争の際の薩摩藩京屋敷の縁で親しかった前総理大臣の海軍大将山本権兵衛に頼み、熊本高等工業の入試を、予備試験を通らないまま特例で受けさせてもらうことになった。

ギンヅルが山本権兵衛に頼んで熊本高等工業を受験させてもらったのは、中退の四年後の明治四十三（一九一〇）年であった。

明治三十六年以来、旧制高等工業の入学資格は、「中学校ヲ卒業シタル者又ハ之ト同等ノ学力ヲ有スルモノト検セラレタル者」とされた。後者はいわゆる「専検」のことで、山本大将の計らいは、専検を通らない周蔵を「中学校ヲ卒業シタル者ト同等ノ学力ヲ有スルモノト検セラ

ギンズルと行動を共にした高島鞆之助

周蔵の特例入学を計らった山本権兵衛

明治四十二年に建てられた熊本高等工業の旧校舎

レ」たことにして受験資格を与えたのである。高等工業の受験資格は最低が小学校五年・中学校四年修了の数え年十七歳で、都城中学中退から四年経ってその年に至ったので、「専検」の看做《みな》し合格が許されたのであろう。

入学試験の前夜、下宿屋で悪友に誘われた周蔵は、断り切れずに登楼するが、朝になって娼家から出るに出られず、ついに入試をサボってしまう。この年齢ではムリもないであろう。

小林村に帰ることもできず、やむなく学生下宿でゴロゴロしていた周蔵は、同宿の五高生たちが解けずに苦労していた幾何の難問を次から次へ解いて五高生たちを驚かせたが、受験する予定だった熊本工高が、五高よりも学力が低いと聞いて複雑な心境になる。

薄幸の秀才・加藤邑

そんな周蔵に、五高生たちは、「自分らが数学の師と仰ぐ人がいるので、その人と数学の試合をしてくれ」と迫った。それは加藤邑《むら》という青年で、熊本市出水《いずみ》で薬草を扱う名家に生まれた秀才である。東京帝大医学部教授呉秀三《くれしゅうぞう》の弟子となり、東京（京都の可能性もある）の癲狂院（精神病院）で助手をしていた時、不幸にもハンセン病を発病したので、郷里に帰り逼塞《ひっそく》していた。

ここ数年間、湯沐邑《とうもくゆう》の研究をしてきたわたしが覚ったことだが、加藤邑の名前は「湯沐邑」

に因《ちな》むものと断じてよい。熊本市の出水は中央区と東区にまたがるが、もとは出水村で、近くにある水前寺公園は阿蘇山の伏流が湧き出る湧水池を中心にした細川氏の大名庭園である。

築城と治水に優れた才能を発揮した加藤清正は任国の熊本でハンセン病を発病したので、清水が豊富に湧き出る出水村に癩《らい》療養施設を建てるが、それを細川藩が引き継いだ。

古来「湯沐邑《ゆのむら》」と呼ばれた癩病療養施設には、必ず付属する専門医と薬事所があったが、これが細川藩の再春館製薬所となったのである。その薬事掛の家に生まれた加藤邑は、湯沐邑に因んで命名されたと見てよい、と思う。

熊本高工の受験をサボった周蔵の失敗話を聞いた加藤は、即座に私立熊本医専を受けるよう勧めた。学歴不要で予備試験を通れば入試が受けられるというのである。

前述したように三年後の大正元（一九一二）年、十八歳でお目通りした上原勇作から四十歳以上に見えると言われた周蔵は、老けて見えるというより、通常の日本人には稀な彫りの深い顔だちであった。五高生たちも周蔵を自分たちよりずっと年長と見ていたが、加藤は一目見るなり周蔵の年齢を当てて、皆を驚かせた。

これが二人の出会いとなり、以後の周蔵は加藤に私淑するが、知謀と深慮に恵まれた加藤は、精神医学と漢方薬学および民族学の知識によって、周蔵の一生にその後も大きな影響を与えることとなる。

加藤邑の家系は熊本細川藩の薬事掛であった。

宝暦六（一七五六）年に医学校再春館を創立した肥後藩主細川重賢《しげかた》は、その実験場・実習場とするため薬草園を創立して蕃滋園《ばんじえん》と称した。明治三（一八七〇）年に閉鎖されて官立医学所兼病院（古城《こじょう》診療所）となった再春館はその後、明治十一（一八七八）年に熊本県立医学校、同二十四（一八九一）年に私立九州学院医学部、同二十九（一八九六）年に私立熊本医学校、同三十七（一九〇四）年に私立熊本医学専門学校と変遷した。

一方、蕃滋園は廃藩置県により、明治四（一八七一）年に旧管理人藤井氏の私有となるが、同園の薬用植物は同二十三（一八九〇）年に藤井家から第五高等中学校に寄贈された。

明治十八（一八八五）年、熊本医学校の有志による私立熊本薬学校の設立が認可され、同四十一（一九〇八）年には私立九州薬学校、四十三（一九一〇）年に私立九州薬学専門学校に昇格し、大正元（一九一二）年十一月には本科卒業生に無試験で薬剤師免許が認められ、翌二（一九一三）年四月には、本科卒業生を「私立九州薬学専門学校薬学士」と称する件が認可された。

周蔵が加藤の勧めにより明治四十三年に入学し、大正二年に再び薬事科の無給助手として入った学校は、「周蔵手記」に何度も「医専」とされているから、その名称は私立熊本医学専門学校と観るべきである。

熊本医専を中退して上京の途へ

加藤の勧めに従って熊本医専に入った周蔵は、一年ほど通ううちに、一歳年上の少女と知り合い、下宿屋で同棲することになった。周蔵から小遣いを分けてもらって、逼迫していた親元に送っていた少女は、妊娠したので所帯を持とうと周蔵に迫った。子供が子供を産むという事実に驚愕した周蔵は、少女を置き去りにしたまま下宿屋を逃げ出し、医専も辞めてしまった。その後始末をしに行った林次郎に、少女は「あれは綿子《わたこ》なのよ」と明かしたという。

その意味を尋ねた周蔵にギンヅルは怒り狂い、「綿子も知らんのに、女に近づくな」と叱った。綿子とは、真綿を腹に巻き妊娠を詐称して男に金を要求する手段で、古来遊郭や宮中などの後宮で用いられたという。周蔵が宿泊していた旅宿の親類で、その旅宿で手伝いをしていたと思われるこの少女は、早熟で「綿子」の知識があったのだ。

熊本医専を中退した周蔵は、ギンヅルの命令で明治四十三（一九一〇）年に上京する（この上京時期は推理したうえでの結論である。熊本医専に通った期間はせいぜい数カ月と観られるから、上京は明治四十三年の初秋あたりであろう）。

勘解由小路《かでのこうじ》子爵の嫡子光尚《みつなお》は華族令を嫌って自ら廃嫡《はいちゃく》し、三浦半島で農業を営んでいたが、生来放浪癖があり、ギンヅルを訪ねてきて吉薗家に長逗留したことも一再ではなかった。勘解由小路は堤家の本家甘露寺の縁戚であった。周蔵を将来文化人にしようと考えたギンヅルは、光尚の影響を受けた甥の武者小路実篤（一八八五〜一九七六）を光尚に紹介してもらい、周蔵を託したのである。

そもそもわたしは、佐伯祐三絵画の真贋事件に関して吉薗明子から真相解明の依頼を受けたことで「周蔵手記」に出会ったのである。明子の依頼の根底に、亡父の手記を世に問うことで亡父遺品の佐伯祐三絵画の来歴を立証したいとの意図が潜むのは当然で、ゆえに、『ニューリーダー』の連載の冒頭を、「周蔵手記」が始まる大正元年八月でなく、佐伯祐三が初めて登場する「大正六（一九一七）年八月頭条」で飾ることにした。その詳細は巻末の付章に掲げる。

マニ教と弁天と救癩

歴史上、「癩《らい》」といわれる病気は悪質の皮膚病・重度な関節障害・神経障害など広範囲な症状の総称であって、ハンセン病に限るものではない。したがって癩と言われた病気のなかには、病菌による伝染病もあれば、ＡＬＳ（筋萎縮性側索硬化症）のようにそうでないものもある。

高温を嫌うハンセン菌は、人体のなかで低温の皮膚・関節や眼瞼《がんけん》筋・口顎《こうがい》筋に集中するため、患部が表面に偏る一方、高温の内臓はハンセン菌に侵され難いため癩患者は短命とは限らない。癩病を発病した空海は、人目を避けるために高野山奥ノ院で入定《にゅうじょう》するが、その後も秘かに療養を続けて長生きしたと推測される。新義真言宗の開祖の覚鑁《かくばん》も同様である。

高温の温泉で病原菌を殺した後に水銀軟膏で患部の皮膚をピーリング（剥落）させれば、当面は症状が治まるので、高温で知られる熊野本宮の湯の峰温泉や、殺菌性の強い硫黄の臭いで知られる草津温泉はもとより、各地の湯沐邑や温泉を多数の癩者が訪れた。

説教節で小栗判官が目指す熊野本宮とならぶ癩者の三大聖地が、熊本水前寺の湯沐邑と西国八十八カ所であった。小栗街道とは癩者が熊野詣をする街道の謂いであるが、今は熊野古道と呼ばれている。この街道が通過する和歌山市薬勝寺に光明皇后湯沐邑が存在したことが記録にあるが、教育委員会も郷土史家もこれに言及しないのが怠慢でないとすれば、先入観的偏見を抱いているからであろう。

和泉国から雄山峠で紀伊国に入る小栗街道に沿って山中渓温泉（阪南市）・境谷温泉（和歌山市）・湯谷村（和歌山市）などの湯治場がかつて点在したが、近年は和歌山市鳴神に花山温泉が開業して盛況を極めている。

高温でなくとも清浄な冷泉は癩治療に有効で、その施設を「白水」とか「出水」と呼んだ。

紀州粉河では和泉山脈から紀ノ川に注ぐ清流を用いて癩者の介護をしていたが、これを運営していたのがわたしの遠祖の橘姓井口氏であったことが「国宝粉河寺縁起絵巻」から窺える。つまり、粉河「白水」の井口氏と熊本「出水」の加藤邑とは同業である。

ちなみに低温を好む癩菌に罹る者は、生来低体温のため知能が高く、歴史上知られた参謀・智将にその例が多い。加藤清正と大谷刑部・黒田官兵衛・山本勘助については説明を要すまいが、竹中半兵衛・伊地知正治にもその可能性がある。

また聞くに、「白水」や「出水」を秘かに「弁天」と呼び、比叡山園城寺・南都法輪寺・紀州紀三井寺を「天下の三弁天」に挙げるというが、弁天とは「癩者介護の元締め」との意味で、わが井口氏が紀州の「弁天」であったと聞いた。

社会福祉と戒律がマニ教の思想

そもそも「弁天」とは、ゾロアスター教の中級神で、信仰の対象としては主神アフラマズダーと副主神の太陽神ミトラ（マイトレーヤ）にも劣らない水神アナーヒターのことである。道教へ入って「観音」になった「弁天」は、ゾロアスター教の後身摩尼《マニ》教では東南アジアの海洋民族共通の航海神として「天妃《てんぴ》」となった。仏教では吉祥天と称している。

わたしの寓に近く、和歌山城に隣接する岡公園が江戸時代から「天妃山」と呼ばれるのは、山頂に弁天を祀っていたからである。今は山頂から下されて大伴狭手彦《おおとものさてひこ》を祀る岡ノ宮（刺田比古《さすたひこ》神社）に合祀されている。

摩尼思想を受け継いだ大本教系の「紅卍会《こうまんじかい》」が無生《むしょう》老祖（彌勒）とともに奉祀する観音（南海古佛）も「天妃」すなわち「弁天」で、「観音」と同じく摩尼教の神格が道教に密教した（潜入した）ものと考えられる。媽祖会《マーツーホイ》の女神媽祖《まそ》もこれである。

帝王制社会主義ともいうべき律令制を隋唐帝国から輸入した日本では、公地公民制が実行できず、したがって公地公民制と抱き合わせの社会福祉制度を実行できなかったので、これを肩代わりしたのが私度僧《しどそう》（官許を受けることなく出家した僧）の行基《ぎょうき》宗団である。これを学者は民衆仏教というが、実質は摩尼教である。

そもそも聖徳太子の飛鳥仏教から聖武天皇の天平仏教までの大乗仏教の実質は摩尼思想である。聖武天皇・光明皇后が発願した国分寺は、摩尼教の経典大雲経《だいうんきょう》を納めるために唐の武則天《ぶそくてん》が全国に建立《こんりゅう》した大雲寺のチェーンに倣《なら》ったもので、実質が摩尼教院であった証拠は、願主の皇后が大雲経にちなむ「光明《こうみょう》」を名乗ることである。

摩尼思想の二大主柱は戒律と社会福祉であるから、律令制の内側では鑑真《がんじん》の律宗が戒律によって国分寺ネットワークを支配し、外では行基宗団が社会福祉事業を実行したのである。言い換えれば政体摩尼教が律宗で、國體《こくたい》摩尼教が行基宗団だったのである。

当時の農業技術の水準では農地開墾力が不足していたため、律令制の柱である公地公民制が実行できず、やむなく墾田《こんでん》私有制を認めて私的荘園が成立すると、ウバイド系修験サエキから出た空海が導入した密教の大寺院がその領主になり、社会は律令制から荘園制に移行する。

ところが密教僧は物質的に恵まれたため、たちまち堕落したので、これを憂いた西大寺の叡《えい》尊《そん》が密教に摩尼思想を注入した真言律宗（西大寺流律宗）を開き、忍性《にんしょう》がこれを継いだ。由来、朝廷から菩薩号を贈られたのは行基・叡尊・忍性・日蓮・役小角《えんのおづぬ》の五人であるが、このうち行基・叡尊・忍性は明らかに摩尼思想である。役小角もウバイド系「修験サエキ」の末裔として摩尼思想に立っていたことは明らかであるが、日蓮だけはいまだにわからない。

往時の社会福祉施設として最大の存在だった湯沐邑は、行基菩薩や光明皇后など摩尼教を奉じた國體勢力の事蹟としてわずかに民間伝承に残るだけで、史家からは「民衆型仏教の宗教活動」として扱われている。

これは、天皇皇后の発願になりながら、ついに湯沐邑を維持しえなかった律令政体が証拠隠滅の念から正史に記録しなかったからであろう。しかし牟婁《むろ》の湯（白浜温泉）・玉造温泉・道後温泉・土湯温泉・湯村温泉など古くから知られた温泉が、すべて湯沐邑であったことは、各地の歴史を少し掘り下げれば容易に判ることである。

■――綿子の少女のその後

熊本医専に通っていた周蔵が、親戚の旅館に遊びに来ていた一少女と知り合ったのは明治四十三（一九一〇）年のことで周蔵は数え十六歳である。

周蔵より年上に見えた少女は下宿屋に押し掛けて周蔵を誘い、妊娠したので所帯を持とうと周蔵に迫った。医学生でありながら生理学をよく知らなかった周蔵は、性行為をしていないのに子供が子供を産むという事態に驚愕し、少女を置き去りにしたまま下宿屋を逃げ出し、ついでに医専も辞めてしまった。

吉薗家の家族は周蔵を詰問した結果、周蔵と少女との間が単なる子供の悪戯《いたずら》に過ぎぬと分かり、一同腹を抱えて笑い転げたという。

ちなみに、この少女は大正九（一九二〇）年に突然、周蔵の眼前に現われる。また、周蔵が父林次郎らと東京・新宿の料理屋「蔦の家」で会食していたときに偶然見かけたかつての少女は、医師武見太郎と同行していたが、モダンガールとして売り出し中であった。

今や新しい婦人の代表となって女性解放運動の先頭に立ち、婦人雑誌の表紙にも出ていた「綿子の少女」は後日、平塚らいてうの「青鞜」の仲間を語らって、「熊本時代の賠償をせよ」

と迫ってきた。相手にしなかった周蔵に、以後もしばしば接触してきて悩ませた「綿子の少女」はやがて武見太郎と親密になってようやく落ち着いた。

その少女が戦後の参院選挙に立候補した際に応援を求められた周蔵は快諾したという。その実名が伝わらないが、周蔵は戦後、婦人運動家の奥ムメオの参院選挙を応援させられていることから、あるいは奥ムメオのことかと考えたが、その後追究していないので、保留のままである。

故郷の小林村に戻った周蔵は、秋になり、ギンヅルの命令で上京して武者小路実篤の書生になるが、実篤の身勝手さに愛想を尽かして帰郷した。そのまま実家で農業の手伝いをしていたところ、大正元(一九一二)年に陸軍大臣上原勇作中将から個人付特務(諜報員)を命ぜられ、阿片《アヘン》の原料となる罌粟《ケシ》の研究に取り掛かることとなる。

三年前に中退した熊本医専に今度は薬事部の助手として入った周蔵は、熊本市内の土地を借り、薬事部の事務長酒井氏の支援を得て開墾し、罌粟の作付けを開始する。細川藩薬事掛の家を継いだ加藤邑は、熊本で交流を再開した周蔵に、藩の薬事部再春館に伝わる真田流薬事書を持ち出して与え、「軍用薬は何といっても阿片粉で、忍者がこれを自白剤として用いたよ」と教えてくれた。

真田流とは修験サエキが太古から伝えた医学で、メソポタミアから始まるウバイド人の東西拡散に伴って世界の各地に伝わった。漢方医学もその一つなのである。日本では修験サエキの末裔が真田氏となり、真田流医学として今に伝えたのである。

武者小路実篤との出会いと失望

熊本医専を明治四十三（一九一〇）年六月ごろに中退した周蔵が、一旦小林に還《かえ》ったのち上京したのはその年の秋である。

周蔵はギンヅルの指示で堤家の縁戚の公家たちを訪ね歩くが、その中に勘解由小路光尚の家があった。堤の本家の甘露寺吉長伯爵夫人の兄にあたる光尚は生来放浪癖があり、ギンヅルを訪ねてきては宮崎に長逗留すること再三に及んだ。

兄の勘解由小路子爵の継嗣となった光尚は明治十八（一八八五）年に自ら廃嫡を願い出て、三浦半島で農業を営んだ。その生き方が甥の武者小路実篤に影響を与えて白樺派の思想的基盤をなしたのである。周蔵が訪ねた時に光尚はすでに亡く、未亡人が柿畑を営んでいた。

ギンヅルが周蔵を託した武者小路実篤は明治十八年生まれで周蔵より九歳の年長で時に二十五歳であった。武者小路子爵の次男で母は勘解由小路の出だから、光尚の甥に当たる実篤は、折から学習院の学友志賀直哉らと図り文芸雑誌『白樺』を創刊したばかりで、意気揚々としていた。

その書生としてしばらく仕えた周蔵は、実篤の実態が世間面とは全く違うことに呆れた。人道主義の人格に憧れた全国の青年男女から、ファンレターを添えて菓子などが送られてくるが、菓子だけを頂戴して手紙には目もくれなかったのである。

周蔵は、白樺派運動を封建色を刷新する便法とは思ったものの、外国の猿真似を感じて同調できなかったので明治四十四（一九一一）年に宮崎に帰った。三年後に徴兵検査があるが、右肩の後遺症のため合格は無理と感じていた周蔵は小林村に落ち着き、ゴマを搾って油を採る会社を作ろうか、などと考えていた。

その翌年、陸軍大臣上原中将の密使が小林に来て、周蔵の前半生が決まるのである。

祖母ギンヅルの素顔

吉薗周蔵の人生路線が定まるのは、大正元（一九一二）年八月に陸軍大臣上原勇作にお目通りしたときである。その路線を敷いた祖母ギンヅルは全く世に知られていないが、大正・昭和初期の帝国陸軍を二十年にもわたって支配した上原勇作元帥の叔母に当たり、幼少から育てた

吉薗家に長逗留した廃嫡子爵・勘解由小路光尚

光尚の影響で白樺派を興した武者小路実篤

上原を通じて日本近現代史を裏から動かしていた人物なので、ここにその背景を詳述しておきたい。

昭和六（一九三一）年に他界したギンヅルの生年は正確には判らない。「周蔵手記」昭和二（一九二七）年条に、「親父殿の話では、さすがの婆サンも八十七になると」とあり、これから逆算すれば天保十一（一八四一）年の生まれになるが、吉薗家の伝承では、実際にはそれより四年遡る天保七（一八三六）年とされているらしい。

さらに周蔵は、「婆サンは六歳ほど年をごまかしていた」と家族に語っていたというが、何分確かではないので、本稿は天保七年説を採ることにする。それならば享年は九十六である。周蔵説なら遅くとも天保五（一八三五）年になるが、ギンヅルの生年は後に考証することとしたい（第七章）。

ギンヅルの父は都城藩士四位次兵衛具張、母はその後妻の岩切某女（名不明）である。次兵衛の先妻有馬氏がタカを生んで他界した後に、足入れ婚で四位家に入った岩切某女は、双子の女児を生んだために畜生腹として四位家を逐われ、妹娘のツルを抱いて入水《じゅすい》を遂げた。

姉娘のギンは、母の実家の岩切家で育てられ、妹の名ツルも併せてギンヅルと名乗ったという（落合注・双子がキンヅル、ギンヅルだったフシもある）。

ギンヅルが六歳（天保七年説による）になった弘化元（一八四三）年、叔母岩切某女が吉薗喜《き》佐《すけ》に嫁入りする際、連れ子の形で喜佐夫妻の養女となったギンヅルに、実家の岩切家が二十町歩の田地山林を贈り、その耕作人および山林管理人として木場伊作・トラ夫妻と息子で十三歳の周作を付けた。木場家は当地で「ヤマンゴ」と呼ばれる山民の頭株で、平地に降りてきて岩切家に仕えていたのである。

婚礼の翌年に喜佐夫妻は萬助（一八四四〜一九〇一）を授かり、ギンヅルに養弟ができた。総領の姉とはいえ、出生の事情もあって吉薗家に居辛かったギンヅルは、自ら志して単身京に上り、実家岩切氏の縁を辿って京の薩摩屋敷に出仕した。十五歳にもならぬ身というから嘉永四（一八五一）年以前のことである。

筆も立ち、茶礼・立華・作法など教養全般を身につけていたギンヅルは、抜きん出た才女で、やがて薩摩屋敷の老女（女中頭）に昇り、知り合ったのが公家の堤哲長《つつみあきなが》（一八二八〜一八六九？）である。天保七年説だとギンヅルの九歳上である。

堤家の七代目当主代長《しろなが》の息女のお千萬《ちま》の方（一七四七〜一八一一）が、薩摩八代藩主の島津重《しげ》豪《ひで》の側室となって生んだ斉宣《なりのぶ》が九代薩摩藩主となり、その子の十代斉興《なりおき》から生まれた十一代斉《なり》彬《あきら》が当時の薩摩藩主であった。

つまり堤哲長と島津斉彬は、ともに堤代長の四代孫に当たるから、大大名の斉彬が遠縁の貧乏公家堤家の生計を支援していたのは当然であろう。

薩摩藩京屋敷に仕えていたギンヅルが哲長と遭遇した縁はそのような関係から生じたとみられるが、哲長の種を孕《はら》んだため薩摩屋敷を出て市中に一家を構えたギンヅルが林次郎を生むのは慶応元（一八六五）年のことであった。ときに哲長三十八歳で、ギンヅルは（天保七年説では）二十九歳である。

この縁は決して偶然ではない。ギンヅルの生家の西諸縣郡《にしもろがた》細野村の岩切家は、同郡小林村の名士で明治時代に西諸縣郡長を出した堤家と近縁であると立花大亀和尚が吉薗明子を通じて教えてくれたが、その堤家が公家堤家と古くから血の繋がりがあったこともついでに教わった。ついでに越前藩士で男爵になった堤正誼《まさよし》の家も同族だとも聞いた。

水路設計は沼沢に堤を築くことから始まる。堤の中へ水を落とし入れると内側は川となり外側は乾いて農地が生まれる。つまり、「堤」とは水路設計者なのである。

ゆえに、ギンヅルと哲長は同族の縁で結ばれたわけである。このような遺伝子の共振共鳴現象は、注意していれば巷間しばしば見つかるが、たいていは単なる偶然とされ、あるいはオカルト的に解釈されている。

第三章

上原勇作の密命

■――「技師ならパスポートが取れる」

上原陸相が周蔵を引見に及んだ動機は、陸軍大臣就任を機に、陸軍の特別任務を遂行さすべき軍事探偵として「特務」に携わる人材が必要となったからである。

元来薩摩藩は諜報組織が発達し、情報を重視する伝統があった。薩摩閥・陸軍閥・軍部勢力と各次元における権力集団の中心となった上原は、他県閥・海軍閥・革新勢力にそれぞれ対抗するため、個人的にも諜者《ちょうじゃ》と工作員を必要としていた。

もっとも、右は一般論に過ぎず、上原が急いでいたのは、何よりも罌粟《ケシ》の栽培を任すことができる人材の確保であった。それをこなせる人材として、血縁が繋がり、波動幾何系シャーマンの素質がありありと見える周蔵はうってつけであった。

周蔵は一応考えた末、ギンヅルに相談することなく、「草をお引き受けしもす」と返事をした。早速九月十日に上原閣下の命が届いた。意外にも、「東亜鉄道学校へ入れ」、というものであった。

――九月十日　火　閣下の命あり。熊本の　鉄道學校土木課に入るべし。――

十月一日より　東亜鉄道學校に席を置き　東寮に入る。まったくに　時間の無駄。
上原閣下の話では　技師として　公認されるように　終了まで　席を置くこと。
海外に出る場合には　技師であれば　視察という　理由がなる由。

海外に渡航するに際し、技師なら視察の名目でパスポートを取れるという理由である。「技師」と称しうる学歴を得るために修了まで学籍を置くようにとの命令を受けた周蔵は、大正元（一九一二）年十月一日、鉄道学校の二学年に編入し、東寮に入った。

大正二年　十月　鉄道學校二年目に入る。
加藤君の家へ行く。去年は　一度も　休まなかった。
十二月一日　日　荷物　加藤家に運ぶ。
上原閣下の　お達しがあるのか、又は　教師として　やりにくいのか　休むでも、文句がなく、よって　上原閣下の　もう一つの命を　予定より早く　はじめることにした。

鉄道学校の生徒の多くは高小卒か中等学校中退者で、教科内容も医専や高等工業よりはかなり低い。周蔵にとってそんな授業は全く時間の無駄であった。学校へは十日ほどは通っただけで行かなくなった周蔵は、十二月一日東寮を出て出水《いずみ》の加藤邑邸に下宿し、以後は月に一、二度登校するだけであった。

そんな勝手をしても、学校では誰一人文句も言わない。やはり上原大臣からお達しがあったのかと思い、もう一つの命令に対する着手を早めることにした。すなわち、「アヘン研究のため熊本医専麻薬研究部へ通うべし」という任務である。

二年半前に、「綿子の少女」のために辞めた医専に通うのは気が引けたが、やむを得ない。周蔵はギンヅルの監視の眼をごまかすため、籍は鉄道学校に置いたままにした。

この時、「周蔵手記」に「鉄道学校を一年間無欠席で通した」と記したのは、ギンヅルに覗かれたときに備えた細工と、後年説明している。つまり、「周蔵手記」には大正二年としてあるが、実際には元年なのである。この工作の存在を暗示するため周蔵は、「手記」に、九月十日を火曜日、十二月一日を日曜として、大正元年の曜日を記している。

――アヘンは国際商品であり戦略物資

当時、帝国主義戦争は末期段階に差しかかり、植民地の最終配分を巡って、列強は鎬《しのぎ》を削っていた。ロシアとは講和が成ったが、それで満洲問題が完全に解決するはずもなく、満洲の保全のためには倍旧の軍備が必要であった。

欧州ではバルカン情勢が緊迫化し、一触即発といわれていた。前年に辛亥《しんがい》革命で中華民国が成立したが（一九一二年）、大陸を覆う一元的な政治権力の確立は期待できず、革命の帰趨《きすう》は予断を許さなかった。そのような時期、上原陸相は日本陸軍の将来の構想を固めるため、当時最も重要な国際商品であり、戦略物資だったアヘンに思いを致していた。これは上原個人の着想でなく、実は「ある勢力」からの指令であった。

アヘンといえば阿片戦争のイメージが強く影響し、嗜好としてのアヘン吸引に眼を奪われる。しかし快楽追求のためのアヘンの吸引呑食は、中華社会（清国・中華民国）特有の傾向であって、ペルシャ（イラン）、インドなど原産国はもとより、中華社会以外の国では、中毒者はいるにしても社会をあげてアヘンに耽溺《たんでき》することはなかったし、今も伝わってこない。

ドイツの薬剤師フリードリヒ・ゼルチュルナーがアヘンからモルヒネを抽出したのは一八〇五年で、これがアルカロイド発見の初めである。以来、モルヒネはコカインとともに、鎮痛剤・麻酔剤の代表となった。十九世紀から盛んになった麻酔術は二十世紀に長足の進歩を遂げ、高度な手術が可能となったため、「人類の平均寿命を二十年延ばした」といわれるモルヒネはまことに結構なお薬である。

薬物史を眺めれば二十世紀前半は麻薬時代で、医薬として麻薬の積極面が評価されていた。後半はペニシリンの発見をきっかけとした抗生物質時代から、副腎皮質ホルモンなどの時代に移行しつつある。

ことに、十九世紀末から激化した帝国主義戦争は、火器の発達と戦法の進化により、従来とは比較にならないほど数多くの傷病者を生んだから、外科手術に不可欠で鎮痛にも神効があるモルヒネの原料たるアヘンは、にわかに世界中の注目を浴び、通貨や黄金よりも珍重される重要な財物となっていた。

これは通俗史観で、実は罌粟《ケシ》は太古から人類にとって最高の貴重薬で、地域によっては重用されて経済的価値も高かったのである。

(大正二年)正月帰る。十九日に戻る。といっても　加藤家にである。
熊本医専の　麻薬研究部に　手伝いとして　入る。
しかし　手伝うべき　相手がいない。
当然ながら無給　当然ながら　無給であるは　理由がある。
どうも　上原閣下には　何か　特別な研究を　しなければならない　確たる理由が
あったと確信する。

自分に　命ぜられた折は、　さほど真剣とは　思えなかったが　かなり本気であるようだ。

草受けて　良かったようだ

何故かと云うに　まず、この医専には　麻薬研究科などはないのだ。
今回　慌って　作ったものである。
故に　自分は　毎日通ってくるも、　臨時の　机と椅子を　入口の脇に　しつらえてもらった。
なるも他　何もなし。
その内に　指導者が　來るようだから　それまで　本でも讀んで　下調べでもしているが　よかろう　とのこと。
本などで　實際の生物の　状況を知ることは　不可能と思う。
仕方がないから　本を調べる　ことにするが　その本が　ほとんどない。
以前に　一度捨てた　医専を　再度くぐるは　やや氣がとがめるも　誰一人知るものもなし。安堵。

一月三十日　木

本は讀んだが　麻薬は　何も　興味の湧く　対象ではない。
尤《もっとも》、いまだ實情は　理解できていない。

大正二（一九一三）年一月、周蔵は熊本医専に再び通い出した。今度は生徒ではなく、新設された麻薬研究科の無給助手である。熊本医専は当時は私立で、大正十（一九二一）年に県立に移管され、現在は国立熊本大学医学部となっている。

私立時代には陸軍からの委託学生など風変わりな人物が多く出入りしていて、彼らの逸話が今でも囁《ささや》かれている。私立時代の公式記録はほとんど保存されていないが、吉薗周蔵が昭和十年代にも熊本医専の麻薬研究室に出入りしていたことは、口碑に残っているという。

■――上原陸相がアヘン研究に乗り出した理由

陸相就任に至るまでの上原の軍歴は、明治三十四（一九〇一）年七月、参謀本部第三部長から工兵監に転じ、以来四十一（一九〇八）年二月まで（日露戦中を除いて）工兵監を務め、日本工兵の中心的存在となる一方、陸軍きっての欧州通として陸軍内の輿望《よぼう》を担い、ついに陸相に就いたのである。

長州閥によって永く中央から遠ざけられていた上原は、陸相に就任して以来、増師に全力を傾ける寸暇も無いなかで周蔵を宮崎から呼び寄せ、八月九日に上総一ノ宮海岸の別荘で引見に及び、「おまんに草を頼みたか」と切り出したのである。「草」とは諜報員で、「草の根を張る」との言葉があるように、定住して表看板に正業を掲げ、周囲の信用を得ながら裏で諜報活動に従事する者の謂である。

明治末から大正に掛け、政界が明け暮れていた増師問題の渦中にあった陸相が、急にアヘンの研究を始めたのは何故かがポイントである。

「周蔵手記」によれば、周蔵に草になってくれと頼んだとき、上原は次のように言った。「自分は今、陸軍に対して一つの大胆な事をせねばならぬと思っておる。陸軍の目的を確立する必要がある。本当の事を言うと陸軍は今、分岐点に来ている。自分が思っていることを誰かが試してくれて、それがうまく行ったら、この日本陸軍は大変な軍になれる」と丁寧な口調で語ったのである。

イギリスの支援もあって辛うじてロシアを撃退したばかりの日本の将来を考えた上原は、陸軍は今や分岐点に来たと判断し、今後は軽重いずれの道を取るべきかの選択を最重要課題としたのである。

周蔵は即答を避けたものの、返答の前に「そいはどげんこつですか？」と聞いたのは、草を引き受ける心が、早くも胸中に芽生えていたからであろう。それを読み取った上原は、周蔵にアヘン栽培の計画を話した。

加藤邑の出水の屋敷に住みついた周蔵が、加藤に上原との経緯を説明すると、加藤は周蔵に請うて、上原と交わした会話を言葉の通り再現させ、上原が「ケシ」と言わずに「アヘンを植えろ」と言ったことを確認して、アヘンについて素人であることを見抜いた。

つまり、陸軍のアヘン製造をどこかから命じられていた上原が、周蔵の前でその是非を自問自答したのである。

■周蔵の疑念「上原サンは何を企んでおる」

その時、熊本医専の周蔵は、いよいよケシ栽培の準備を始めようとしていた。

――――

二月四日　火　親爺殿來る。二泊する　とのこつ。

夜、上原閣下の話題となる。

――――

加藤君云うに
アヘンは　猛毒であり　尚かつ　中毒性が強く　恐しいものである。
加藤君は　子供の頃、祖父から　聞いたことがあるが　近くの商家の家で　職人を抑えておくために　アヘンを使って　いたらしい。
禁断症状になった時の　七転八倒の様子は　言語に尽くせない　ほどだ　と聞いたと云う。
桃源郷に　嵌ったような　快感から　死ぬより苦しい　禁断症状に　轉落するのだとのこと。
加藤君曰く。
「上原サンは　何を企んで　おるのだろうか。
軍で　正常に使用するのであれば　これは　かなりすごい戦力　となり得るだろう。
しかし　上原サンが悪心を起こしたら　これは　軍が　上原サンの獨占となり得るわけで　ウーン」
と加藤君は　うなった。
「全ては　上原勇作　という人間に　かかっている　のだからなあ」――と云うのだ。親爺殿も　加藤君の　云うことを　黙々と　聞いている。

アヘンの研究を周蔵に命じた当初は、さして切羽詰まったものではなかったのに、上原はその後にわかに本気になり、アヘン研究を急ぎだした。この間に何があったのか訝《いぶか》った周蔵は、加藤に上原の命令とアヘンのことを打ち明け、意見を聞いたのである。

「彼は　君に　何と云った。彼の云ったままに　云ってみて　くれないか」。
加藤君は　さっそく。「君の　學校のことなどの説明は　省いて良いよ。問題は　君に　命をくれと云った　あたりのことが　知りたい。彼の　人間性が　分かるからね」。

閣下の言
「おまんに　草を頼みたか。こんおいに　おまんの命　あずけてたもんせ。
そいも　捨てるつもりで、たのみもす。
草いうもんは　いつ　どこで死ぬかも　知れもさん。
そいも　おまんの名前も　知られんと　無縁佛と　なってしまう　かもしれん。
おいは今　軍に對して　一つの　太っとかこつ　せんならん　と思うちょります。
ほんまのこつ　云うと　陸軍は　いま分岐点に　きちょいもす。

おいが　思うちょること　誰かが　ためしてくれて　そいが　うまかいったら
こん日本の陸軍は　太っとか　軍になりもす」。

ここで　「そいは　どげんこつですか」　と自分は聞いた。
その時は　まだ「草になる」　と云っていない。草の返事は　即答を避けた。
「三居の　バアサマに　聞いてから」　と云った。
「自分としては　やっても良いか　と思ったのだが」　と加藤君と親爺殿に伝うる。
加藤君は　「即答しないことは　君にしては　上出来」　と云う。
「しかし　上原閣下は　その内容を　話してくれたのだ」　と云った。
「こげんこつ　思うちょるのでごあす」　と　目上の者に　云うように
「アヘンを　植えてみてほしか　思うちょいもす」。

━━アヘンの知識がなかった陸軍大臣

加藤邑の推理力は、テレビの人気番組「相棒」の杉下右京をはるかに超えていた。

加藤君　「アヘンと云ったのか。ケシと云わずに。ウーン――」と　うなる。

「それは　上原サンは　まだ詳しく　知らないね」。

「アヘンが　うまくできれば　軍の裏産業にもなるし、軍人の　怪我の治療に一等と聞くから、自力で　アヘンを　手に入れたか　と思うちょる。

然し　それは　アヘンを　余り　詳しく知らん　軍の人間の考えで　ごあんが。

アヘン　ちゅうもんを　過大評價しすぎている　可能性も　あるのでごあんが。

どげんもんか　身をもって　知らんもんが　あーだこーだ　云っちょいもす。

實際に栽培して　アヘンを製造してみんことには　それが　どげんなもんか　分かりもっさん。

毒ちゅうても、どげん毒か　藥ちゅうても、どげん役に立つか　そいは　自分の手に　直してみてみんことには　分りもっさん。

現に　日本でも　作ってはおるが　おいには　よう分らんので　ごあんが。

實際は　どげんかを　自分で　知りたか　思うちょういもす。

おまんに　それを頼むは　心苦しかも　おまんが一番頼みやすか。

だが、自分が　そん毒に　負けんように、心して　貰わんなりまっせん」。
アヘンのことは　このように　云われた。
加藤君は　しばらく考えて　「やってみようか」　と云った。
自分は　「やってみよう　と思うて、鉄道學校に　席を　おきもした」　と云う。
閣下から　追々　命があることに　なっておることも　伝える。
但し「一年は　鉄道學校に　通うべし」　とのことである。
理由は　「一應　技師と云えるように　なっていてほしか」　と云うことも　伝う。
加藤君は「理はある。そして　面白そうだね」　と云う。
まるで　自分のことのように　面白がっている。

ケシというべき所をアヘンと呼ぶ上原には、まだ深い知識はない。どこかで聞きかじって興味を持ち、自らアヘンを研究しているのだろう。
そう判断したのか加藤は、「やってみようか」と周蔵をけしかけた。

■――アヘン専門書の抜書き

周蔵はアヘンの知識を得るため図書館に行った。「周蔵手記」の右に続く部分は、アヘンに関する専門書からの抜書きである。

アヘンについて
アヘン――阿片と書く
アヘンとは何たるか
アヘンは　未熟なケシの実の　乳液を干して作らるる　白色及び　茶色の粉を云う。
成分の　九・八割が　モルヒネ　と云う　麻薬である。
支那・朝鮮には　それを　キセルから　吸うように　用意した部屋が　設けられている由。
アヘン窟　と云う。
ケシ（罌粟・米嚢花・芥子の文字がある）

ケシは　庭や畑などに　栽培される一年草である。
葉は緑が薄く　粉を吹いたように　白っぽく　五月頃に　開花する。
色は　紅を主に　赤・紫・白などがあり　四弁の　大きな花弁を　持って咲く。
三日もすると散る。いわゆる　散りやすい。
アヘンは　この花の　咲く前の蕾が　しまいこまれている　直径四分くらいの　丸
い玉の時に　つくられる。このような　丸い玉を　坊主と云う。

アヘンの　毒による　様々な状態
アヘン中毒
アヘン狂
アヘン嗜癖
アヘン常用　等がある。
アヘンによる　中毒は　急性中毒と　慢性の中毒　とがある。
急性中毒は　他人から　故意に受くるか　自殺の目的か　医師の　薬用としての
手段によって　起り得る。
顔面は紅潮し發汗　そして　脈拍が強く速く　緊張した状態となり　加えて發疹が

出る。
胃か腸　他内臓の一部　膀胱に　痙攣が生じる。
便秘や下血や　皮膚に　暗青紫の色変化を　起こしたりもする。

慢性中毒は　常習性アヘンに多い。
アヘン・喫煙・持続的薬用行為に　よって起る。
るいそう（痩）　皮膚の弾力が失われ　張りを失い、皮膚が弛緩して　たれ下がるようになる。
顔色は（全身）　蒼白となり　瞳孔縮小や　瞳孔左右不同　などが起る。
複視　と云って　左右の網膜像が　相対性でない位置に　結像した結果　両方を融像させる　ことができずに　像が　離れて見える　状態を指す。
脈拍は増し　飢え　不眠　不安　知覺が　過敏となる。
幻覚　言語障害なども　みられる。
禁斷症状は　不快感　沈うつ状　發揚（氣分が乗り氣となり　高まること）。
顔面紅潮　瞳孔左右不同　呼吸不全　心臓障害など　となる。
アヘンに　含まれている　主成分は　モルフィン（モルヒネ）である。

他に　アヘン末に　加えて作る　数種がある。
アヘン末　鎮痛　鎮痙　催眠　止瀉薬となる。
△ココデ　自分が　研究するべきことは　純正の質の良い　アヘンを　作ることである。

モルヒネの性質と日本古来のアヘン

下記の周蔵の文章は、メモ的な紙片に書かれたものであり、「周蔵手記」の最初に出てくる「別紙記載」であるが、連載執筆の当初は、そのことに気がつかなかった。
本稿では資料性を重視して、「別紙記載」の全文を、以下に載せることにする。

別紙記載1
1・アヘン麻薬資質
アヘンから　モルフィンを　分離したる人は　百年も前に　(セルティルナー)　と云う　學者とのこと。
支那や朝鮮では　ある程度　生活の中に　アヘンが　入っている　とのことである

が　學問的には　立ち遅れて　いるようだ。
欧州では　百年も前から　モルフィン　と云う　資質が　分離されており　藥學的に　使用されている　と云うのだ。
アヘン中の　成分を　モルフィンと　發見してからの毒物の種類は　毎年二十種以上　發見されるようになった　とのこと。
本の注文をしている。急ぐ
モルフィン（モルヒネ　とも云う）
モルヒネ（薬である）は　鎮痛薬の　一つである。
少量の薬用量で　精神的及び　身体的依存が生じ　嗜癖に陥りやすい。
鎮痛剤として　医療的に　使用している内に　本剤のもつ　陶酔感を求めて　習慣性に　なることが多い。
禁斷症状は　最終攝取後　二〜三日頃が　最も強く　想像に絶する　苦悶の　状態を見せる。
2・不安感、焦燥感、流涙、流鼻汁、瞳孔拡大、悪寒、痙攣、嘔吐、下痢、興奮、

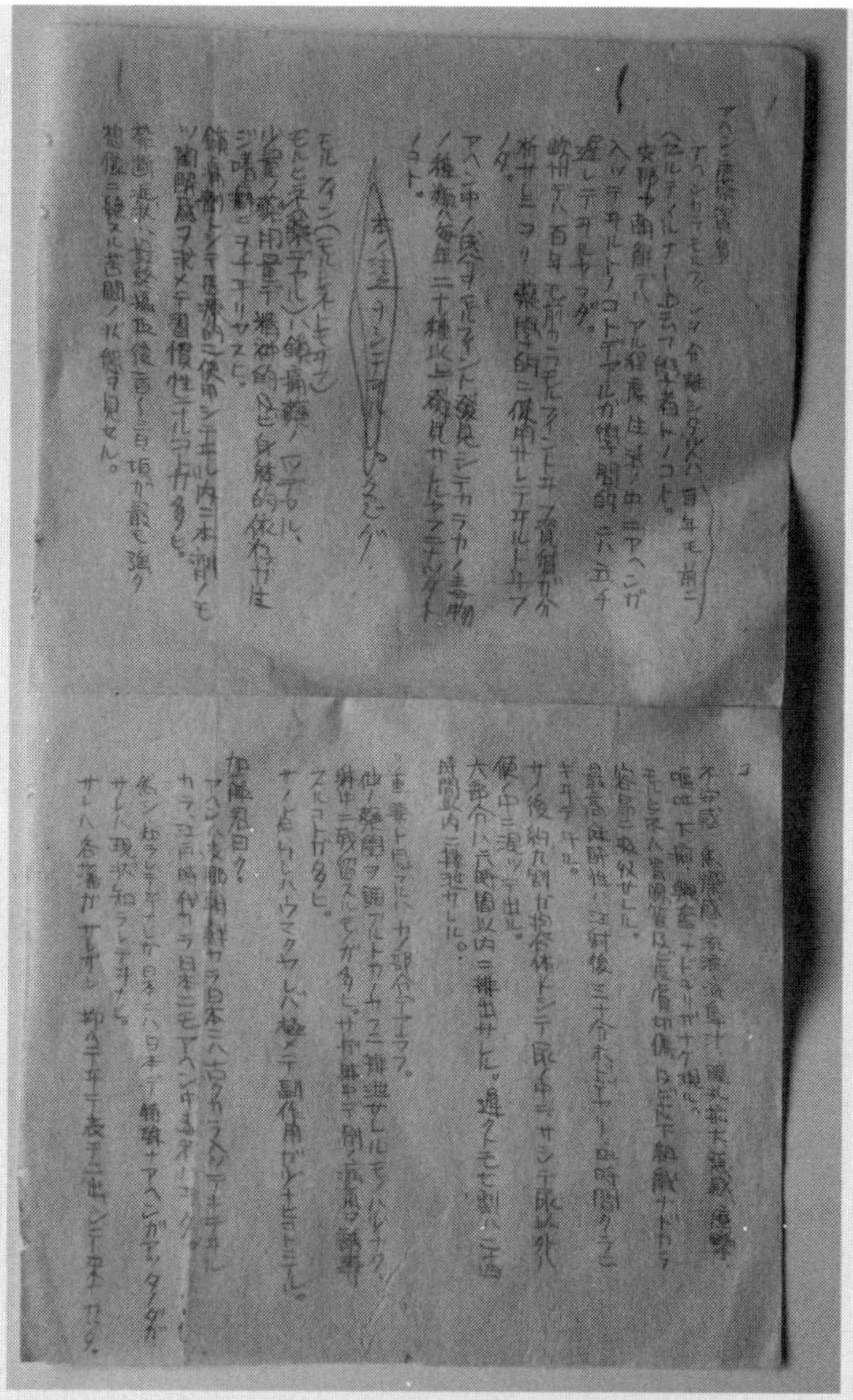

吉薗周蔵が専門書から抜き書きした箇所

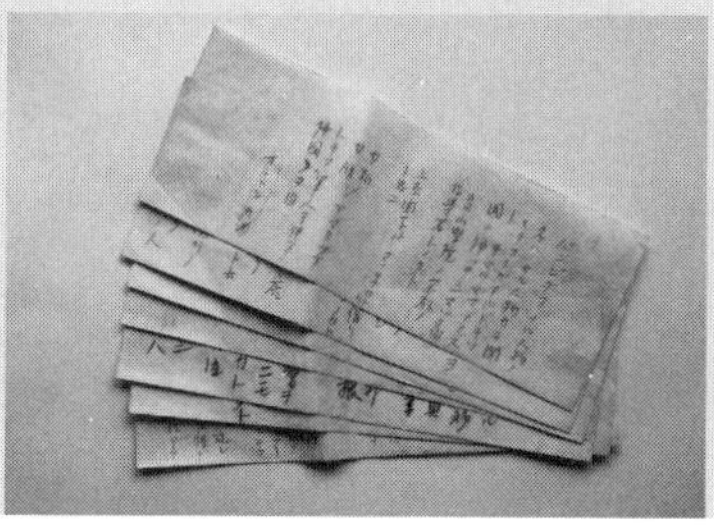

紙片に書かれた別紙記載

など
キリがなく　現る。
モルヒネは　胃腸管及び　皮膚切傷、皮下組織などから　容易に吸収される。
最高麻酔性、　注射後三十分ほどであり、四時間くらい効いている。
その後、約九割が　抱合体として　尿の中に、そして尿以外は　便の中に混じって
出る。大部分は　六時間以内に　排泄される。
○重要と思うるは　この部分であろう。
他の薬物を調ぶると　このように　排泄されるものは少なく、体中に残留するもの
が多い。その点　これは　うまくやれば　極めて　副作用が少ないことになる。

加藤君曰く
アヘンは　支那朝鮮から　日本には　古くから　入ってきているから　江戸時代か
ら　日本にも　アヘン中毒者はいた。
然し　知られていないが　日本には　日本で　特殊なアヘンが　あったのだが
それは　現状　知られていない。
それは　各藩が　それぞれ　抑えていて　表に出して　來なかった。

加藤はすでに細川藩の真田流薬事書に眼を通しており、日本古来の特殊なアヘンについても深い知識があった。鎮痛剤としてのアヘンの薬効は抜群である。純正なアヘンは副作用がなく習慣性もないことを教わった周蔵は、自分の任務は「純正な質の良いアヘン」を作ることに尽きる、と自覚した。

当時の国際アヘン事情

アヘン戦争の仕掛け人・英国は各国の非難にも関わらず、明治四十（一九〇七）年まで、清国へのアヘン輸出を控えようとはせず、そのため貿易収支の赤字に苦しむ清国は、領内でケシ栽培を奨励し、それに対抗する苦肉の策を採った。

そこで、「アヘン問題は主に中国の問題、中国問題の核心はアヘン問題」という認識がしだいに世界中に広まり、英国への風当たりが強くなった。

国際世論を受けて清国は禁断策に転じ、英国もこれに賛意を示さざるを得なくなり、一九〇八年には十年計画のアヘン禁断策を策定した。それは成功しつつあったが、三年後の辛亥革命の結果、中国各地に自立した各軍閥は、財政上アヘン収入に頼らざるを得なくなり、禁断策をご破算にしてしまった。

明治二十八（一八九五）年、日清戦争により台湾を領有した日本は、領内に初めてアヘン文化を抱くことになった。台湾では、猖獗《しょうけつ》するマラリアの対症療法としてアヘンを用いており、その普及率は清国のどの地域よりも高かったからである。

台湾総督府民政長官となった後藤新平は、マラリアなど風土病を撲滅する方針を示し、アヘンについては禁断策か漸断策かを比較考慮したうえ、後者を採用した。すなわちアヘンを専売品にしたうえ、登録した吸飲者にこれを与えながら、その量を漸次減らしていくものである。

しかし高温多湿の台湾の風土はアヘンの生産に向かず、専売用アヘンは外国から輸入するほかなかった。そこで台湾総督府は内務省に、本土でアヘン自給の途を探るように求めた。内務省が調べると、大阪府三島郡でケシ栽培の実績があった。天保年間、道修町に奉公していた百姓の倅《せがれ》が輸入アヘンに接し、実家にケシ栽培を勧めたものらしい。

そこで内務省は明治三十八（一九〇五）年から同郡福井村の農家に栽培委託を実施したが、買上げ価格がペルシャ物の国際相場であったから競合作物の麦に勝てず、二年で廃止してしまった。国内生産の条件が満たされるには、アヘンの国際相場の高騰を待たねばならなかったのである。

ところが林次郎が種苗屋に行くと、ケシの種を売っていた。栽培者がいたからである。種屋は、ケシは連作が利かないことと、前に植えていたものによって作柄が左右されることを教えてくれた。連作が不可だと知った林次郎は、開墾して作付地を増やそうとした。

日本のアヘン栽培事情

史学の通説は、道修町の薬種屋に奉公していた太田四郎兵衛が、清国から入ったケシ粒を実家で栽培させた天保八（一八三七）年をもって近代国産アヘンの始まりという。

その後は国内需要が少ないため、ケシ栽培はたいして広がらず、明治十二（一八七九）年に「阿片専売法」が出た後は、ほとんど立ち消えの状態であった、というのが史家の通説である。

しかし、「周蔵手記」には、加藤邑の言として、「古来宗教者や忍者がアヘンを自白剤として用いていた日本では、品種改良により数種類の国産品種も作られていた」と記す。

史家がこれを非常識と言おうとも、薬事家には常識だったのである。現に熊本の種屋がケシの種を売っていたのだから栽培者がいたわけで、紀州藩でも藩の物産書に「芥子菜《けしな》」を挙げているから、やはり栽培していたのは間違いない。

日清戦争で新領土となった台湾では島民の吸引が盛んで、清朝政府も手を焼いていた。内務省医務局長・後藤新平が提案したアヘン漸禁策を採用した政府は、明治三十一（一八九八）年の「台湾阿片令」で台湾島に於けるケシ栽培を禁止したが、吸引用アヘンは輸入品に頼っていたため、国産化が課題となった。

台湾総督府民生局長に転じた後藤新平は、大阪府三島郡福井村（現在の大阪府茨木市福井）の二反長音蔵《にたんちょうおとぞう》が、有望な畑作物としてケシ栽培を勧誘しているのを知り、全量の政府買上げを決めたから、それ以来農家のケシ栽培が全国に広がった。

上原が、「現に　日本でも　作ってはおるが」と言ったのは、後藤新平の下で二反長系の農家が行なっているケシ栽培を指したのである。

平時はアヘンに無関係だった帝国陸軍で、しかも永く中央から遠ざかっていた上原は、アヘンと言えば単なる医薬品としてしか認識していなかった。ところが、どこかから突如、アヘン生産を指示されて泡を食い、「俺《おい》には　よう分らんので　ごあんが」と、愚痴っぽく言ったのである。

戦争史は攻撃兵器の進化と、これに対する防御手段の弁証法的な発達過程である。一八五三年のクリミア戦争では、火器が格段に発達したために将兵の死傷が激増して、ナイチンゲール率いる従軍看護婦が活躍したが、一九〇五年の日露戦役では旅順要塞のごとき堅固な防衛手段が発達して、ナポレオン以来の決戦戦争を持久戦に変えた。

いきおい戦場には傷病者が累積する中で、火器と同等の重要な軍事物資として注目を浴びた

清国のアヘン窟

大阪府福井村のケシ畑、右から二人目が二反長音蔵

NHKラジオでケシ栽培・アヘン製造を語る二反長

のが、麻酔・治療に用いる麻薬モルフィンで、ケシから採れる生アヘンを精製して作られる。帝国主義の最終段階で、欧州の戦雲が妖気を孕《はら》んできた当時、これから需要の激増が確実なアヘンの栽培は、「軍の裏産業にもなるし軍人の怪我の治療にも一等と聞くから、アヘンの実際を直接知りたい。オマンに頼むのは心苦しいが、一番頼み易いオマンに頼む」というのが、上原の本音であった。

第四章

薩摩ワンワールドの三人の総長

上原勇作の主筋は誰か?

初めて「周蔵手記」に触れた平成八年から二年ほどはその文理的な解読に無我夢中で、右の記事の裏側というか、奥底にあるものがなかなか掴《つか》めなかったわたしは、上原勇作の経歴および上原と密接な関係を有する陸軍薩摩閥の軍人を調べているうちに、吉井友実《ともざね》(一八二八~九一)→高島鞆之助(一八四四~一九一六)→上原勇作(一八五六~一九三三)のラインがしだいに見えてきた。

地政学的海洋勢力の中核たる「在英ワンワールド」の日本支部となった薩藩下士連合(薩摩ワンワールド)の歴代総長が右の三人であったことを確信したのである。

当時のわたしが用いた「在英ワンワールド」という用語は、十九世紀から二十世紀にかけて地政学的海洋勢力のイギリスと、同じく大陸勢力のロシアの間で、中央アジアと極東を中心に展開された国家抗争のいわゆる「ザ・グレート・ゲーム」を前提にした漠然たる観念である。具体的な組織と形態は判らないが、当然そのような勢力が存在するはずとの直観を表現したものである。

この直観が当たっていたことが明らかになるのはウバイド・ワンワールドの存在を知ったか

らである。

メソポタミア文明の端緒を創ったウバイド人は、砂金の採集を目的にして海陸両勢力に分かれて東西に拡散したが、西に向かった勢力は、①海洋勢力が到達したスコットランドと、②海陸の両勢力が再会したアレモリカ（ブルターニュ半島）を西極とした。一方、東に進んだ勢力は海洋勢力が到達した日本列島と、海陸の勢力が再会した満鮮国境の羅津《ラジン》を東の極とした。

この東西両極を起点として、各地のウバイド勢力が形成したネットワークがウバイド・ワンワールドである。グレートブリテン島を本拠とする西半球のウバイド海洋勢力が「在英ワンワールド」であり、東半球でこれに対応する「大和（在日）ワンワールド」も当然存在するが、世界史の進行が跛行的《はこうてき》なためにズレが生じ、当時は「在英ワンワールド」が圧倒的に優勢であった。その後、二十世紀の日本で帝国海軍が強大化し、海運業と造船業が発展したのは「大和（在日）ワンワールド」のポテンシャルが発現した世界史的自然現象なのである。

わたしが上原勇作の背後を追究したくなったのは、『ニューリーダー』の連載が百八回を超えたころ、すなわち連載開始後九年目の平成十七年ころで、そのころから薩藩下士連合の輪郭が見えてきたからである。

その初代総長が吉井友実で、二代目を高島鞆之助が継ぎ、そのあとが上原勇作と推定したわたしは、かれら薩藩下士連合が仕えていた主君が本当は誰なのか、一体誰のために働いていたのか、という疑問を抑えきれなくなってきた。

その契機は「周蔵手記」の解読を通じて上原勇作が玄洋社を私兵として使っていたことを知り、上原と玄洋社の杉山茂丸が共通の主筋に仕えていることを直感したからである。

その両人共通の奉公先を当初は「在英ワンワールド」と考えていたが、これでは漠然過ぎて具体像がみえてこないのでもどかしかったが、そのうちに杉山が堀川辰吉郎なる謎の貴公子に仕えていたことが、しだいに読み取れてきた。

結局、これらを総合して理解するには、日本史を見渡す視野をもっと広げねばならぬ、と考えた時、「さる筋」から仄聞したのが、京都皇統代の舎人がつぶやいた謎の数言であった。


玄洋社とは、広く云えば、薩摩の一部と土佐・会津・紀州を含めたものです。

堀川辰吉郎の護衛は、玄洋社と大本教でした。

周蔵さんは、上原の草というより、辰吉郎の草だったのです。


私が「堀川政略」の存在を知ったのは、実に右の数言を起点としたものであるが、これにより「堀川政略」のほぼ全貌を覚ったわたしは、杉山茂丸の玄洋社も薩摩ワンワールドもともに京都皇統の首頭堀川辰吉郎の配下であったことを知った。

そこで、これに基づき幕末維新とその後の日本史を明らかにすべく、「落合秘史シリーズ」の執筆に取りかかり、その第一著として『明治維新の極秘計画』を公刊した。「堀川政略」について説明するのは本稿の範囲外であるから、それを是非お読み頂くことを願う。

「南北朝合一」の最終目的は東西王統の結合

ところが、『明治維新の極秘計画』の公刊直後に、実弟の国文学者で奈良女子大副学長の井口洋から徳田武著『朝彦親王伝』を紹介された。その内容に一驚したのは、幕末弘化年間に奈良興福寺一乗院の門主であった尊應入道親王（のちの久邇宮朝彦親王）が、奈良奉行川路聖謨《かわじとしあきら》に向かって、「わが実家伏見宮も現皇室もみな南朝」と明言していることである。

朝彦親王のこの言が事実としたら日本史の根幹を揺るがす真の大事件ではないか。

しかし、何でそうなのか見当もつかず、思い煩ったわたしが、舎人（「さる筋」）を通じて当時の京都皇統代（「その筋」）に当たってもらったところ、南北朝の極秘統合が「七百年にわたり皇室が極秘にしてきた史実」であることを教えてくださった。

おかげで、それまで夢にも知らなかった「大塔《おおとう》政略」の存在を知ることとなり、この極秘史実を公開するために、急遽『南北朝こそ日本の機密』を著わしたのは平成二十五年四月十一日のことであった。

「大塔政略」の解説は本稿の範囲でないので、その詳細は前掲拙著をお読み頂くしかないが、要言すれば、建武元（一三三四）年に南北両朝首脳の秘密合意により、大塔宮護良親王の王子益仁《ますひと》（のちに興仁《おきひと》）親王が光厳上皇の第一皇子に入り北朝崇光天皇となったことで南北両統が一本化したことで、これこそ今日までわが皇室第一の極秘事であった。

南北両統が一本化した永世親王伏見殿家が天皇の実家として扱われ、当主の伏見殿がウラ天皇となって國體を担い、内外の情報蒐集と海外活動に当たったのである。その際、伏見殿の直臣となった「國體奉公衆」の淵源はウバイド末裔の測量・設計集団で、地動説に立脚した数理科学を伝えてきた家系であった。

折から欧州では、ウバイド系ケルト王統のアサル朝が廃絶の危機にあり、これを救うために、護良親王が欧州に送り込んだ直系の王子の子孫が「欧州大塔宮」の一族となり、同じく後南朝皇族と護衛武士たちの子孫が「欧州後南朝」の淵源となるのである。

ベルギーを拠点として毛織物業で勢力を蓄えた欧州大塔宮一族は、ペスト（黒死病）で人口が激減した欧州の各地で貴族となり、やがてウバイド西王統のケルト系王室と混淆して「欧州王家」となる。かくしてウバイド西王統を護良親王の子孫が継ぎ、ここに東西王統の結合が成ったのである。

薩摩ワンワールドの初代総長・吉井友実

京都皇統の首頭・堀川辰吉郎

ウバイド系測量集団の代表的人材が伊能忠敬で、伊能が第七次測量隊の基地とした備前国箱田村の郷士細川家から出たのが榎本武揚であった。江戸時代末期まで各地の郷士であった測量集団は幕末に江戸に集められて幕臣になり、長崎海軍伝習所で航海術を学び、幕府海軍とその後身である帝国海軍の根幹となり、大和ワンワールド海洋勢力の再興の基礎となったのである。

ともかく、薩摩下士連合の総長となった上原勇作の主筋は堀川御所の京都皇統で、具体的には堀川辰吉郎であることが分かった。上原がギンヅルの指示で陸士工兵科に入れられてフランスに留学させられ、アルザスを本拠とする欧州大塔宮系ポンピドー家の女性と秘密結婚したのも、欧州大塔宮系秘密結社に入会するのが目的であった。

陸軍大臣になった上原に、ケシ栽培とアヘン製造について陸軍として研究するようにとの沙汰が堀川御所から下ったのは、この関係からである。その沙汰は、堤哲長からギンヅルを通じてもたらされたと見るしかない。

■上原勇作を「工兵の父」にしたのは國體《こくたい》天皇

いよいよ開国が必至となった安政年間（一八五四〜六〇年）、伏見殿邦家親王に代わって伏見殿の国内業務を担っていたのが、その四男で孝明天皇の義兄の朝彦親王であった。

京都・粟田口の青蓮院《しょうれんいん》境内に在った「ウラの京都学習院」を拠点にした朝彦親王が矢野玄道《はるみち》および三条実萬《さねつむ》（偽装薨去）・伊達宗広（偽装軟禁）と諮《はか》って建てた「堀川政略」の骨子は、崩御を装った孝明天皇と皇太子睦仁《むつひと》親王が、堀川通六条の日蓮宗本圀寺《ほんこくじ》に隠れて「京都皇統」となり、以後は國體天皇として国際事項（王室外交と王室間金融）に当たることである。

伏見殿奉公衆の中でも数理科学に秀でた測量集団が、幕末に小栗忠順により長崎海軍伝習所に集められて幕府海軍に入り、のちに榎本武揚に率いられて箱館戦争を戦ったのは、もとより「堀川政略」の筋書きに添ったものである。

「堀川政略」にしたがい、堀川御所に入った孝明先帝が、維新後に伏見殿の役割を引き継いで國體天皇になると、測量集団は伏見殿奉公衆から「京都皇統」に奉公する國體参謀衆に転じることとなった。

蝦夷《えぞ》共和国を建てた榎本らの徳川海軍が、なすところなく維新政府に降《くだ》るのも「堀川政略」の筋書きによるもので、國體参謀榎本は、のちに帝国海軍を創建し、「大和ワンワールド」再興の基礎を成したのであった。

帝国陸軍の工兵科は、太古に大型墳陵を築造した土師氏《はじうじ》集団の頭脳だったウバイド系測量集団の職能を継承した兵科である。その中核を成す陸軍士官学校工兵科に上原が進まされたのは、やがて上原に測量集団を束ねさせる國體天皇の意図で、それを実現した上原が与えられた尊称が「帝国陸軍工兵の父」である。

こうしてみると、周蔵に熊本医専薬事科の無給助手を命じた上原が、同時に土木技師の資格を取るために東亜鉄道学院土木科への入学を命じた理由がよく分かる。天才加藤邑はそれを察して「理はある」と評したのである。

「堀川奉公衆」として創設された玄洋社

日本古来の大陸外交の基地は北九州で、大宰府を表玄関として中華文明が流入する入口となった。現存の国宝「志賀島金印」は、天明ごろに黒田藩が作らせた贋造品であるが、本物の「親魏倭王印」が中華帝国からもたらされたのもこの地であった。けだし金印と儒教は王道、鉄砲と聖書は覇道の象徴である。

王道外交の北九州に対し、覇道外交を実行した〝裏口〟は南九州の薩摩と日向であった。ポルトガルから来たヴェネツィア・コスモポリタンの一党が紀州根来《ねごろ》衆への鉄砲の売り込みを図り、一五四二年に漂着を装って豊後海岸に渡来し、翌年に種子島での授受を約した。

これに応じて紀州根来寺の塔頭杉ノ坊の津田監物《けんもつ》の一党が種子島に来たる。その一人が岩崎氏の女に産ませた子が岩崎氏を名乗り、土佐国に移り地下《じげ》浪人の株を買って土佐郡井口村に棲む。この津田姓岩崎氏から出た岩崎弥太郎が武器商となって創始したのが三菱財閥である。

元来伏見殿の配下であった黒田藩が、一六〇〇年の「関ヶ原の戦い」のあとに大宰府の地に封ぜられたのは、大陸外交の表玄関を守らせるために伏見殿が定めたのである。ところが黒田騒動で藩内は乱れ、黒田如水《じょすい》の子孫が継いできた藩主は六代継高《つぐたか》で途絶え、一橋家から入った治之が七代を継ぎ、以後は八代治高が讃岐京極氏、九代斎隆《なりたか》が一橋家で、十代斎清《なりきよ》はその子だが、実は秋月藩主黒田長舒《ながのぶ》(母方が黒田系統)の子とする風説もある。

十一代藩主長溥《ながひろ》は島津重豪の十三男桃次郎で、その後を継いだ十二代黒田長知《ながとも》も、伏見殿配下の津藩藤堂家から養子に入った。

このように黒田藩は、とっくの昔に伏見殿配下の政治法人となっていて、伏見殿の指示により、配下の諸藩から代々の養子が入ったのである。

男装の女傑高場乱《おさむ》が福岡藩の薬用人参畑の跡に開いた私塾興志塾に、明治七(一八七四)年ごろから入塾した頭山満《とうやまみつる》・平岡浩太郎・進藤喜平太・箱田六助らが明治十二(一八七九)年に結成した向陽義塾が源流となり、明治十四(一八八一)年に結成されたのが玄洋社である。

玄洋社の財源は福岡県から払下げを受けた炭鉱採掘権であったが、旧藩の潜在的資産を政治資金に転化する強力な政治力は、じゅうらい伏見殿に属していたが、このころから京都皇統に移行したのである。

黒田藩士たちが結成した政治結社玄洋社を株式会社に見立てれば、株主は藩主黒田長知であるが、実質的社主は黒田長溥の庶子杉山茂丸（一八六四〜一九三五）であった。明治政府の要人となった薩摩ワンワールドの面々に、白面の青年杉山茂丸は平然と接しているが、松方ら要人もまた茂丸に慇懃《いんぎん》に対応したのは、茂丸が島津重豪の孫であることを知っていたからである。

実質社主の杉山茂丸が成長するまでの間、玄洋社を運営していたのは旧黒田藩士で、初代の社長に平岡浩太郎が就いた。有名な頭山満は正式には社長に就いていていないらしい。

私が、ここまで辿り着けたのは、「周蔵手記」の記載を見て、上原が玄洋社を私兵のように使役していることに注目したからである。同じころ、「さる筋」即ち京都皇統代の舎人からわたしの事務所に、多くの秘史が伝えられていたが、迂闊《うかつ》にもその意味を悟らなかったわたしは、これを放置したことで十年近く回り道したのである。

堀川御所の下部機構だった「ある勢力」

堀川戦略の中心人物が、維新政府の高官として宮中改革を進めた吉井友実・西郷隆盛・大久保利通の「薩摩三傑」であることは確かである。

上原勇作と共通の主筋に
仕えていた杉山茂丸

上原が私兵として使っていた玄洋社の面々

閑院宮から送り込まれた
天皇監視役・徳大寺実則

こちらも徳大寺実弟の住友友純は
財界に精通していた

徳大寺の実弟・西園寺公望は
政界情報を提供

なかでも自らこれに処したのが吉井友実である。各省の卿を歴任して当然な地位を捨て自ら進んで入った宮内省で官歴のほとんどを局長級（大丞・少丞）で終始し次官（大輔）にさえ就かなかった吉井の姿勢は、「ある勢力」の総長を務めていたために姿勢を屈《かが》めていたとみるべきである。

吉井が「ある勢力」の総長だったとしたら、かれと相携えていた人士も「その勢力」と無関係のはずはない。その人士が、宮内卿兼侍従長として常に吉井の上司であった徳大寺《とくだいじ》実則《さねのり》である。実質的に閑院宮系皇統となった鷹司《たかつかさ》家から徳大寺家に入った実則は、実弟が西園寺《さいおんじ》公望《きんもち》と住友友純《ともいと》で、二人の弟により政財界の事情に精通していたが、宮内卿兼侍従長として明治天皇に常侍したまま片時も傍らを離れなかったのは、閑院宮から送り込まれた一種の天皇監視役だったからである。

ここまで見てくれば、「ある勢力」が國體天皇の配下であることは自明であろう。ようするに堀川御所の代理人堤哲長と薩摩ワンワールドの代理人ギンヅルのカップルがジョイントとなって堀川御所と薩摩下士連合が結合したのである。

ちなみに、長州人で堀川御所に近かったのは井上馨《かおる》で、堀川辰吉郎の戸籍上の叔父となり、玄洋社への炭田払下げなどに関与して堀川政略の進捗に尽力していたのである。

ところが、ここで判らないのが薩藩下士の海軍大将山本権兵衛と國體勢力（堀川御所）の関係である。

前述したように、熊本高等工業の特例受験を経験していた吉薗周蔵は、大正六（一九一七）年に西本願寺から佐伯祐三の裏口入学を頼まれたとき、山本権兵衛に頼めばうまくいくと考え、山本に伝手《つて》を持つ若松安太郎に頼んでまんまと成功したが、周蔵には、若松が動かないときには祖母ギンヅルを通じて山本権兵衛に頼むという奥の手があった。それほどギンヅルと山本権兵衛は親しかったのである。

十五歳から薩摩藩京屋敷に仕えたギンヅルは、慶応四（一八六八）年の鳥羽伏見の戦いの際に、薩摩屋敷や屯所に詰めていた多くの薩摩藩士の面倒を見たが、ことに嘉永五（一八五二）年生まれの十七歳で年齢制限をかいくぐって従軍した権兵衛は、ギンヅル姉さんに何かと頼るところが多く、姉のように慕い、一生を通じて親交があった。ギンヅルもまた、のちに帝国海軍で勢力を伸ばし総理大臣となった山本権兵衛に終生何かあれば頼み事をしていたのである。

ところが、ギンヅルを挟んで皮一枚の近い関係にある山本権兵衛と上原勇作の仲は極めて悪かった。これは陸軍と海軍だから水と油なぞと簡単に割り切れるものではない。

ギンヅルとの関係で幼少から山本権兵衛に親しんだ周蔵は、大正三（一九一四）年に発覚したジーメンス事件（ドイツの軍需企業ジーメンス社による日本海軍高官への贈賄事件）で山本権兵衛内閣を倒壊に追い込んだのが上原勇作であったことを見抜いていた。

昭和初年の薩摩三州会で、たまたま逢った周蔵に、権兵衛は上原を評して「あん男は、まっこと汚なか男じゃから、オマンも、気を付けねばいかん」と警《いまし》めたが、ギンヅルは周蔵に宛てた書簡で、「権兵衛ドンより上原閣下の方が、ずっと世界を知っておる」と明言しており、上原にしたがうように諭している。

この書簡の意味をわたしは深く考えたことがなかったが、今思うに、山本権兵衛が加わっていたのは國體勢力でも陸軍の上原とは異なる一派で、その抗争がジーメンス事件として顕《あら》われたのではないか。

高島鞆之助の不可思議な官位停滞

明治四（一八七一）年二月、御親兵の創設に応募するため多くの薩摩藩士とともに上京した二十八歳の高島鞆之助は、西郷隆盛と吉井友実によって宮内省に入れられ、侍従番長（五等官・大佐相当）に任じたのは同僚に比べて非常な抜擢である。ちなみに明治二年の官禄表では五等官の俸給は現米五〇〇石である。

明治七（一八七四）年に陸軍大佐に転じた高島は、西南戦役で別働旅団の設置を提案して陸軍少将に進級し、熊本・大阪の鎮台司令官を経て明治十五（一八八二）年に西部監軍部長となった。翌十六年に陸軍中将、十七年に子爵に叙された高島は、以後、日清・日露の両戦役の前に二度も陸軍大臣に就いて両戦役を準備した功績はまことに多大である。

予備役のため日清戦役に参戦しなかった高島は、日清講和後に反乱した台湾土蕃《どばん》（土着民）を平定するために現役中将に復し、陸軍を率いて台湾総督の海軍大将樺山資紀《かばやますけのり》を援《たす》けるため、台湾副総督になる。苦戦のすえに土蕃を平定し、台湾総督府の創立に尽力したにもかかわらず、高島は何の恩賞にも与《あずか》らなかった。

日清・日露の両役に際会した文武官らの著しい昇進・叙勲に比べて、高島の官位停滞はいかにも異常である。最近公開された『宇都宮太郎日記』には、日露戦役の前、陸軍参謀本部の宇都宮太郎大尉が、陸軍中将の高島を参謀総長に就ける目的で（高島を起こす）「起高作戦」を開始したことを記すが結局実現せず、また、その後にも高島は朝鮮総督や首相にまで推されたが、これも実現しなかった。

陸軍長州閥から出た山縣・長谷川・寺内の三元帥や、陸軍薩摩閥が生んだ大山巖・野津道貫・川村景明《かげあき》の三人の元帥に比しても、実績において劣らない高島が明治十七（一八八四）年に子爵を授爵して以後、全く昇進しなかったのは、たまたま巡り合わせの結果ではなく、何か深い事情の存在が察せられる。

高島子爵家を継いだのは鞆之助の女婿友武で、吉井友実の次男である。子爵を継いで陸軍中将に昇進したが、今日その名は歌人・吉井勇の父として知られるだけである。

薩摩藩邸留守居役・吉井友実はギンヅルの旧知

薩摩藩京屋敷の老女だったギンヅルが、留守居役の吉井友実と昵懇《じっこん》なのは当然である。西郷・大久保と並ぶ薩摩三傑と称せられた吉井友実が、慶応四（一八六八）年二月に新政体の徴士参与に挙げられて軍防事務局判事に就いたのは、勤王諸藩の上級志士が受けた待遇と変わるところはない。同年閏四月二十日の組織改正で軍務官判事（三等官）となり、明治二（一八六九）年五月二十二日に弾正台《だんじょうだい》が設置されると弾正大忠《だいちゅう》（三等官）となった吉井は、八月二十日の改正で大忠が四等官に引き下げられると、各省大輔《たいふ》と同格の三等官の弾正少弼《しょうひつ》になる。

明治三（一八七〇）年四月に民部少輔《しょうゆう》（三等官）に転じ、民部・大蔵両省が合併した民部・大蔵でも少輔を兼ねた友実の上司は、明治元（一八六八）年十二月に外国官副知事（二等官）に就き、翌二年の七月に大蔵大輔（二等官）となった大隈重信である。つまり薩摩三傑ともいわれる者が備前藩士の完全な下風に立ったわけである。

吉井の官位停滞はこれに留まらず、明治三年十一月には降格して民部大丞《だいじょう》（四等官）になり、四年七月に宮内大丞に転じ、十一月にようやく宮内少輔となって三等官に復したが、このとき大隈はすでに大蔵卿（一等官）である。

その後、元老院議官兼一等侍補《じほ》（一等官）になった吉井友実は、明治十二（一八七九）年三月から十五（一八八二）年一月まで工部少輔（三等官）から工部大輔（二等官）を兼官したから、つねに伊藤博文・井上馨はおろか山尾庸三の下風にさえ立たされていたのである。

このように、一等官に昇りながら一度も卿・大臣に就くことなく、新政府の中で常に長州勢に圧倒されていたかに見える友実が、明治十七（一八八四）年の華族令では山縣・伊藤・井上馨・山田顕義らと同じく伯爵に叙されたのは異常というべきであろう。ちなみに友実の上官の工部卿だった長州人山尾庸三は、明治二十（一八八七）年の叙爵で子爵になっている。

この吉井友実の経歴に、何かしら隠されているものを感じたわたしは、友実の次男友武を婿養子にした高島鞆之助に対しても同じ感を抱いた。高島とギンヅルが結託していることは、「周蔵手記」に明記している。ギンヅルと日高尚剛は常に行動を倶《とも》にしているがこの両人は、明らかにもっとずっと大きな勢力に属しているのである。

今にして思えばそれは國體勢力しかない。高島鞆之助と吉井友実は、國體勢力の中で重要な地位を占めていたため、政体での昇進を控えめにしたとの仮説をわたしは立てた。

「周蔵手記」の「別紙記載」によると、大正元＝明治四十五（一九一二）年十二月二十一日に陸軍大臣を辞めた上原は、静養のため鹿児島に還り山下町の日高尚剛邸で休養していたが、第三師団長に任命されて薩摩から上京する途上、雨中の強行軍で肺壊疽《えそ》に罹る。急遽、大阪赤十字病院に入院した上原に「罌粟《ケシ》粉」とギンヅル特製の秘薬「浅山丸《あさやまがん》」を届けるよう、ギンヅルに命じられた周蔵が大阪赤十字病院に着くと、「浅山丸を持ってきたか？」と声を掛けてきた老人がいた。

これが高島子爵で、大量の「浅山丸」を持参したと答えると、「さすがはオギンさんだ」と感心したうえ、「将来の事、上原閣下に任せて善いよ」と周蔵を励ましてくれたので、周蔵は上原勇作の「草」になる決心をしたのである。

さらに、「周蔵手記」の大正六（一九一七）年九〜十月の「別紙記載」には、他界した高島鞆之助の後始末のために上京してきたギンヅルが日高尚剛を伴っていたことが述べられていて、ギンヅル・日高組が高島鞆之助と何かの共同事業をしていたことが窺われる。それは罌粟とアヘンに関わる事業で、むろん國體事業の一環である。結局、國體勢力の総長的地位にあった高島は、その地位を優先して政体での昇進を控えた、とわたしは洞察したのである。

■――在英ワンワールドと大和ワンワールド

明治四十五（一九一二）年四月五日に陸軍大臣に就いた上原勇作は、薩摩ワンワールドの総長の座を高島から譲られたが、その地位に必須な罌粟《ケシ》・アヘンについてほとんど知識がなかったので、支援者のギンヅルは、上原にその知識を得させるために、わが孫でウバイド系の波動幾何系シャーマンの典型と見込んだ吉薗周蔵を起用したのである。

『ニューリーダー』に「陸軍特務吉薗周蔵の手記」の「上編」を連載していたころのわたしは、吉井→高島→上原が総長に就いたと見てよい薩摩藩下士連合を、漠然と「イギリスを本拠とする地政学的な海洋勢力」としての「在英ワンワールド」の下部機関とみた関係で、薩摩藩下士連合を「薩摩ワンワールド」と呼んだのである。

後述するように、明治十四（一八八二）年からのフランス留学で欧州大塔宮一族のアルザス女と秘密結婚した上原勇作が、フランスの秘密結社に入ったことは確かである。その秘密結社は当然欧州大塔宮の配下で、したがって「ウバイド西王統」すなわち欧州王室連合に繋がるものでなければならない。ゆえに、もし「薩藩下士連合」がその秘密結社の配下であるのなら、「薩藩下士連合」を「地政学的海洋勢力の薩摩支部」と規定した当初のわたしの判断は外れていたわけである。

結論を言えば、わたしが漠然と「在英ワンワールド」と呼んだものは、実は全欧州に広がる欧州王室連合を指していたのである。もっとも、その海洋勢力の本拠はグレートブリテン島にあるから、「在英ワンワールド」の呼称も、あながち外れていないのである。ともかく、薩英戦争の結果、薩藩下士連合がその下部機関になったことは否めない。

メソポタミアを起点に東西に拡散しネットワークを形成したウバイド人は、ネットワークの両端でケルト系西王統と大和（縄文）系東王統に分かれたが、十四世紀に渡欧した護良親王の王子の子孫すなわち「欧州大塔宮」が接着剤となり、数世紀かけて東西王統を実質的に統合したのである。ウバイド東王統は日本列島だけでなく、東アジアじゅうに広がるが、中核は日本の國體天皇であるから、「在日ワンワールド」と呼ぶことになるが、いかにも語感が悪いので「大和ワンワールド」の方がよいと思われる。

薩藩下士連合は、集合無意識によって形成された非定型的な集団であるから、その上部機関を「在英ワンワールド」と見てよく、また國體天皇を戴く「大和ワンワールド」としてもおかしくないのは、東西のワンワールドがすでに統合して、「ウバイド系地球ワンワールド」を成しているからである。

光格朝以来、「在英ワンワールド」と「在欧ワンワールド」を中心とした列強が日本に開国を迫ったのは、「大和ワンワールド」のシェルターを開放して在英在欧のワンワールドと統合する目的であった。そこへ、十九世紀後半から形成されつつあった「在米ワンワールド」も、これに加わるべくペリー提督の来航となったのである。

さて、薩藩下士連合の初代総長を吉井友実と推定したのは、先述したようにその官位歴の異常な低迷ゆえである。吉井の後継を高島鞆之助と推定したのも、高島が友実の次男友武を婿養子にしたことにより、官位低迷の異常さが友実と似通っているからである。

薩摩ワンワールドの三代目総長が上原勇作

秘密結社の会員において頻繁に見受けられる特徴は、①秘密を保持するために婚姻関係を狭い範囲で固めること、②秘密の行動を隠蔽するため外部の高い役職に就かないこと、この二つであるが、これが吉井と高島によく合致するのである。

となれば、その三代目総長に高島の共同事業者ギンヅルの甥で高島の義弟野津道貫の女婿の上原勇作を就けたと見るのは筋が通る。逆に言えば、上原を三代目総長にするためにギンヅルと高島が幼少から育て、野津が娘を与えたのであった。

それなら上原の陸軍内での順調すぎる出世の意味を説明せねばならないが、これは山縣有朋・長谷川好道・寺内正毅《まさたけ》など続々台頭してきた長州閥による陸軍支配を阻止するために、その職位がどうしても必要だったからである。ようするに宇都宮太郎らが図った「起高作戦」が、形を変えて上原の陸軍大臣が実現したのである。

さて、山縣有朋を棟梁とする陸軍長州閥を創らせたのが大西郷であることを、拙著『ワンワールドと明治日本』で明らかにした。大村益次郎が暗殺されたあと、後継者の山田顕義を斥《しりぞ》けて陸軍の棟梁に山縣を就けたのは大西郷で、弟の小西郷（西郷従道）と従弟の大山巌に山縣を見張らせていた。

大西郷が「西南の役」の混乱に乗じて日本を脱出したことも、同じく『ワンワールドと明治日本』で明らかにしたが、大西郷は欧州から小西郷を通じて山縣に指示していたのである。指示の内容は主として薩人を地方官に配した地方行政に関するもので、陸軍の軍政は山縣に任せたので寺内が台頭したのである。大西郷の密命を受けた山縣は、明治十六（一八八三）年に内務卿を兼ね、明治十八年からの内閣制でも引き続き内務大臣として明治二十一（一八八八）年まで在任する。内相の座を一旦松方正義に譲った山縣は、二十二年に自分の内閣を組織すると、再び内相を兼ねて二十三年まで在任した。

足かけ七年もの内相在任中に内務省内に山縣閥を創った山縣は、大西郷の指示が届かなくなると、しだいに本性を露呈し始めた。反山縣の旗幟《きし》を鮮明にした鳥尾小弥太《とりおこやた》・三好重臣ら奇兵隊の幹部を陸軍から追放した山縣はその側近の寺内正毅・長谷川好道らと陸軍長州閥を固めたのである。

大西郷が配した山縣見張り役は、西郷従道が明治十七（一八八四）年から海軍に転じたので大山巌一人になる。明治十三（一八八〇）年から陸軍卿と陸相に在任した大山に代わって明治二十四（一八九一）年に高島鞆之助が陸相に就いたのは、松方正義を援《たす》けて日清戦争に備えるためであった。翌年には再び陸相に就いた大山に代わり、二十九（一八九六）年に高島が再び陸相に就いたのは、松方正義を援けて日露戦争に備えるためであった。

欧州の大西郷から山縣宛てに指示が届かなくなるのは、大西郷が他界したからで、その時期はおそらく大西郷が七十代に入ったころで、日清戦争後の明治三十（一八九七）年ころと推察される。

山縣閥の失政が端的に現われたのが朝鮮半島の経営である。

山縣の腹心として陸軍内で順調に昇進した寺内正毅は明治四十三（一九一〇）年五月、陸相のまま第三代韓国統監を兼任する。同年八月二十二日の日韓併合により設置された朝鮮総督府で、引き続き陸相兼任のまま初代朝鮮総督に就任した寺内は、憲兵に警察を兼務させる憲兵警察制度を創始して朝鮮の治安維持を行なったが、そうした典型的な武断政治を引き継いだのが長谷川好道である。

維新以来、山縣有朋に目を付けて執拗に工作していたのは、国際金融連合とその傭兵たる外国の諸勢力で、王室ワンワールドの反主流派も加わっていた可能性がある。その工作が顕われるのは大西郷が他界したからで、その時期は日清戦争後の明治三十年ごろであろう。ようやく堀川政略の存在に気づいた山縣有朋が、僥倖で戊辰戦争の勝者となったことで得た長州卒族の特権を確保せんがために、堀川辰吉郎と久邇宮邦彦親王に対する警戒感を募らせたのである。

山縣長州閥の最大の特徴は、①植民地主義と②武断憲兵政治および③皇国史観を中心とする精神教育で、明治維新の主旨と正反対のこの思想が帝国陸軍を染め上げた結果、昭和初期の帝国陸軍は科学的客観性と道義性を失っていったが、あの良識人の桂太郎や児玉源太郎がその防波堤にならなかったのは残念なことである。

大東亜戦争の本質はもとより地球上の資源配分をめぐる生存競争であるが、その秘められた一面として長州山縣派に染まった帝国陸軍を強制終了させる計画があったことに何人《なんぴと》が気づいたろうか。

大東亜戦争で山縣流陸軍は強制終了したが、これに代わってもっと「タチの悪い連中」が進駐してきたことに気がついた人もそう多くはない。「タチの悪い連中」とは、マッカーサーを担ぎながら、トルーマンの配下としてGHQを支配したニューディーラーすなわち在米国際共産党である。

四代目は荒木貞夫と甘粕正彦が分掌

薩摩ワンワールド三代目総長の上原の後を継いだのは陸軍大将荒木貞夫（一八七七〜一九六

六）である。

薩藩下士連合のメンバーでない荒木が就いたのは、その結社の中身が、もはや薩藩ワンワールドではなかったからである。つまり、維新志士の第一世代が華族になり、それを継いだ維新第二世代が大正天皇・孝明皇后の宮中に入って宮中ワンワールドを形成したことで薩藩ワンワールドは変質し、薩藩下士の子孫には、もはや適任者がいなかったからである。

一橋家臣出身の佐賀藩士荒木氏に入った荒木貞夫は、生家が紀州有田郡広川村の広八幡宮の神官佐々木氏とされるが、これにはすこぶる疑問が多い。荒木の事蹟で注目すべきは、

①駐露武官として赴任した際、チャーチルの招きで欧人女性に伴われてロンドンへ行ったこと。

②第一次大戦でロシア軍の連隊長として戦いロマノフの黄金を搬出したこと。

③ドイツ軍の捕虜から解放された後、ウラジオ派遣軍参謀となり、ブラゴヴェシチェンスク（シベリア南部）の砂金を黒竜江省に移したこと。

④帰朝後に孝明天皇の孫で堀川御所生まれの松下豊子の相棒となったこと。

⑤東京裁判（極東国際軍事裁判）で一票差で死刑を免れて終身禁固の判決を受けるが、チャーチルの指示で収監されず、自宅禁錮となったこと。

である。いずれも帝国軍人の範疇《はんちゅう》を超えていて、その出自の特殊性が窺える。つまり荒木は日本人でなく、欧州大塔宮の一族と視《み》た場合にすべて筋が通るのである。

上原の跡を継いだのは荒木だけではない。上原勇作と「在欧ワンワールド」のアルザス女の間に生まれた混血女性が来日して憲兵大尉甘粕正彦と秘密結婚したことを初めて明らかにしたのがわたしの『ニューリーダー』の連載であるが、この結婚は上原の地位の半分を甘粕が引き継いだことを意味する。つまり、「大和ワンワールド」の帝国陸軍の首頭の地位を荒木に、「在欧ワンワールド」の日本支部としての地位を甘粕に譲ったのである。

角田房子『甘粕大尉』に、甘粕の年譜にフランス・フリーメイソンの「大東社」に入ったことを明記している、とある。大東社は「在欧ワンワールド」配下の秘密結社であるから、明治十四（一八八二）年のフランス留学時に上原勇作が入った秘密結社も、大東社かそれと近縁のものであることは間違いない。

ウバイドの東西王統が結合した「地球ワンワールド」の中枢は、要するに「世界王室連合」である。ゆえに、その日本支部とは國體天皇堀川殿を仰ぐ國體勢力で、やがて薩藩以外にも入会者が出てきたのである。

その一例が鈴木商店で、神戸の砂糖・樟脳《しょうのう》の問屋から起こり、第一次大戦を機に大財閥を形成しながら昭和恐慌で台湾銀行と抱き合い心中する。その鈴木商店が買収したアヘン煙草の元締め東亜煙草株式会社が大正九（一九二〇）年に満洲に進出するに際し、上原勇作の指示を受けて販売網の基礎を作ったのが吉薗周蔵であった。

鈴木商店の関連事業を統轄したのは藤田謙一で、これを支えてアヘン煙草部門を担当したのが上原勇作配下の日高尚剛であった。つまり、國體勢力はアヘン事業に深く関わっていたのである。

陸軍大臣に就いた上原も國體勢力の参謀長としてアヘン部門を指揮する立場となったが、これまで軍務一筋のためアヘンの実務を知らなかったので、ギンヅルは上原の私的特務とするよう工作した周蔵に罌粟《ケシ》を栽培させることで、上原のアヘン知識を深めさせたのである。

第五章

薩摩ワンワールドと國《こく》體《たい》天皇の接点

■――堀川御所と薩藩下士の〝接点〟が哲長とギンヅル

吉薗周蔵の生誕は日清戦争が勃発した明治二十七（一八九四）年で、この年に六十七歳となる祖父堤哲長《つつみあきなが》はギンヅルを通じて日高尚剛を操り、陸軍の上原勇作を動かしていた。

哲長が仕える堀川御所では、國體《こくたい》上皇の孝明先帝は天保二（一八三一）年生まれの六十三歳であった。孝明先帝が日清戦争後に欧州に遷《うつ》られたと聞いたことがある。確かめようもないが、まだ六十代だから年齢的に不可能な話ではない。

孝明の元皇太子だった睦仁親王は嘉永五（一八五二）年の御生誕だから御年四十三歳で、当代の國體天皇に就いていた。その王子堀川辰吉郎は明治十三（一八八〇）年の御生誕で十五歳であったが、博多で女官に預けられて悪戯《いたずら》の限りを尽くす悪童として評判であった。

陸軍大臣上原勇作の使いの前田治兵衛が、宮崎県西諸縣郡小林村のギンヅルを訪ねてきたのは大正元＝明治四十五（一九一二）年の夏である。用件は十八歳になった周蔵の登用であった。

生存しておればこの年八十七歳になる哲長は、すでに故人だったかも知れず、このとき八十三歳になられる孝明先帝は御存命でもおかしくないが、日本でなく欧州におられたと思われる。國體天皇堀川殿すなわち睦仁親王は当年六十一歳で、国外におられた可能性が高く、その子堀川辰吉郎は三十三歳で、中華革命後の北京におられたと思われる。

「薩摩ワンワールド」すなわち「國體天皇に仕える旧薩藩下士連合」の構成員は、当初は陸海軍から官界まで各方面にいたが、やがて陸軍軍人に偏ってきたのは、同じ薩人であっても陸海の軍人の間で阻隔《そかく》が目立つようになったからであろう。

陸軍における上原勇作の最大の庇護者は、叔母ギンヅルの関係で高島鞆之助であった。薩摩藩京屋敷の老女として留守居役の吉井友実や高島鞆之助らと昵懇《じっこん》だったギンヅルは、維新後に宮内省侍従番長となった高島に上原勇作を預けたのである。

國體管財人堤哲長の妾ギンヅルと親しい高島は、いきおい國體勢力に近くなり、薩摩ワンワールドの中でも独自の地位を築くのである。

ギンヅルと堤哲長のカップルが、堀川御所と薩藩下士連合の接点だったことに、わたしが永い間気づかなかったのは、堤哲長が明治二（一八六九）年四月に薨去したとの公開記録を信じ過ぎたからである。

幕末から浅山丸製造などの國體事業で活躍していたギンヅルとは職域の異なる哲長が、いかに旦那とはいえ、共同事業をしていたとは思えず、また維新後に官途に就いた哲長は多忙のまま薨去するから、ギンヅルとの間に事業上の接点を見出せなかったのだが、明治二年四月の薨去が偽装であれば話は別である。

昔は珍しくなかった偽装死

江戸時代、自己破産の意味で生前葬式を出した商人が少なくなかったが、これは偽装死とはいえない。しかし、行政が私生活に深入りせず、マスコミと通信手段が発達しなかった昔時、偽装死はそんなに珍しいことではなかった。年金や健康保険などの制度がない社会では、戸籍がなくても経済生活に影響しないし、江戸時代にはそもそも無籍者が多かったのである。

遠隔地で新生活を始めるために偽装死することや、二重生活をしていた人が一方の人格を消すために偽装死することもあった。行政が地方ごとに縦割りのため、遠方へ移住すれば追及される恐れは少なかったのである。

「周蔵手記」によれば、吉薗周蔵は大正三（一九一四）年に下北半島で、大本教の尊師出口王仁三郎の実父上田吉松に会ったことを記している。場所は青森県下北郡の古畑温泉で、吉松は氏家省一郎と称して実子の槇玄範《まきげんぱん》と大本教の修行をしていた。出口王仁三郎は上田吉松の没年を明治七年と語るが、これは偽装死であって、本当は大正年間まで長生きしたのである。むろん王仁三郎も承知で、「死んだ爺さんが枕元に出てきて小遣いをくれた」なぞと語っている。

「周蔵手記」大正六年条に、大正六（一九一七）年に丹波綾部の皇道大本本部を訪ねた周蔵に、王仁三郎が大いに照れながら、「爺さんは元気だったか？」と尋ねたことを記す。爺さんとは世間では死んだことになっている吉松のことで、青森で生きていることを知る周蔵と吉松の噂をするのが照れくさかったのである。

偽装死が昔は結構多かったことを頭脳で理解しても、例として身近な人名が出てきては感情的に納得しがたいものがある。しかしわたしの場合、実例は近いところにあった。

わたしの曾祖父井口辰蔵は、紀伊国那賀郡粉河荘中山村が原籍で、全国をめぐって水路工事の仕事をしていたが、その関係で青森県下北郡大畑湊《おおはたみなと》で小路口覚右エ門を称し、現地妻がいた。明治二十（一八八七）年に粉河で死んだことにして下北郡大畑村に移ったが、二年後に大畑村の現地妻が亡くなると、紀州の旧妻を粉河村で死んだことにして大畑村に呼び寄せたのである。

曾祖父の偽装死はわが父も知らなかったし、十数年前に粉河町に往き、わたしと同じく曾孫の井口恒郎に尋ねたが、やはり知らなかった。わが家族も粉河の人も知らなかった曾祖父の偽装死を、わたしに告げたのはなんと吉薗明子であった。

皇室が管理する「南朝人事記録」に井口家の記録があり、曾祖父・祖父はもとより叔父の事蹟もみられると言われて驚いたが、明子は大徳寺の立花大亀和尚から教わったらしい。

粉河井口家の菩提寺と聞く南光寺を訪ねて粉河町まで往ってみたら、明治二十年銘の曾祖父辰蔵と明治二十二年銘の曾祖母岩鶴氏のまことに小さい墓碑があった。その後数年して再び南光寺を訪ねたら、二つとも片付けられた跡にまだ逢ったことのない再従弟《またいとこ》が新しい墓を建てていた。

このように身近に偽装死の実例を知るわたしでも、堤哲長の明治二（一八六九）年四月の薨去を偽装とは思ってもみなかったため、十年以上も前に京都皇統代の舎人から聞かされた「周蔵さんは上原勇作でなく堀川辰吉郎の草だった」という語の意味がわからなかったのである。

ところが最近になり、同じ舎人が「哲長が堀川ファンドの管理人になった」と呟いたのを耳にした途端、十年以上も放置してきた一言の意味を理解したわたしは、哲長が偽装死せざるを得なかった意味を悟ったのである。

「周蔵手記」を見る限り、吉薗周蔵の上官は上原勇作であるが、その上原にしても独断で国事を行なったわけではない。国事である以上、〝奥〟があるのは当然で、「周蔵手記」の「別紙記載」で「ギンヅルが閣下の資本家」と言い、また「ギンヅルと高島さんがこの日本を手に取っておられる」と述べていることから、上原勇作の〝奥〟はこの二人であることは間違いない。

しかし、高島鞆之助とギンヅルにも当然、その奥があろう。堤哲長の薨去が偽装ならば、ギンヅルは哲長の指図を受けてダミーとして行動していたのではあるまいか。哲長が仕えるのは当然堀川御所の孝明先帝である。

ウバイド・ワンワールドの東王統が日本皇室で、上原勇作が入会した大東会《だいとうかい》関連の結社は西王統だから、結局上原勇作は東西両王統の指図を受けていたわけである。

偽装死に気づかねば歴史は読めぬ

読者の中には、『旧華族家系体系』のような公開記録をもって信ずべき「証拠」とし、京都皇統舎人から聞いたといえば、「信じるに足りぬ」とバカにする向きもおられよう。その人たちが「落合史観は面白いが証拠がない」などと評するのだが、わたしからすると事実はむしろ吉薗家伝にあり、文字の公開記録こそ虚伝なのである。

もっとも、この真理に到達するには「偽装死」なぞあり得ないという先入観を捨てなければならない。これまで「周蔵手記」を解読してきたわたしが、とうとう解決できなかった空白部分、すなわち吉薗家伝承と公開記録の矛盾は、堤哲長の偽装薨去を認めたことでようやく解消できたのだ。

明治四（一八七一）年十一月十七日に東京皇城で明治天皇と睦仁親王の大嘗祭を並んで挙行したことを、拙著『欧州王家となった南朝皇統』で詳しく述べた。大嘗祭は天皇の即位を意味するから、奇兵隊出身の大室寅助（寅之祐）が政体天皇に、孝明の皇太子睦仁親王が國體天皇に即位されたわけだが、公式史料には政体天皇だけを記録して國體天皇については厳重に秘せられたのである。だからと言って、國體天皇の存在を否認する証拠とはならない。

孝明先帝の偽装崩御と睦仁親王の皇籍離脱を受けたこのときの大嘗祭は、おそらく史上唯一の変則と思われるが、以後二度と世間に現われることのない睦仁親王の偽装薨去の意味もある。

大嘗祭を行なって國體明治天皇になられた睦仁親王は、やがて明治神宮の秘密御祭神になられたと拝察するが、このような話を聞いても、孝明の偽装崩御を信じなければ何のことか分からないのが当然である。まことに、偽装死に気づかなければ歴史は読めないのである。

吉井友実の知られざる実像

グレートブリテン島を本拠として十九世紀に世界中の海洋を支配下に置いたワンワールド海洋勢力を「在英ワンワールド」と呼んで差し支えない理由は既に述べたが、その軍事部門はイギリス海軍である。

幕末の文久三（一八六三）年に生じた薩英戦争で、そのイギリス海軍と一戦を交えた薩摩藩は、近代的なイギリス軍の前に軍備の遅れを覚り、一方イギリスは近代化の遅れた薩摩兵が勇猛をもって立ち向かう軍人精神を評価したので、戦後に両者は昵懇になった。

薩摩藩では、これを機に世界情勢に目覚めた下士たちの集合無意識が、非定型な一種の秘密結社を創った。これを「在英ワンワールドの薩摩支部」とみれば、その名称を「薩摩ワンワールド」としてもよいと思う。その中心人物が「薩摩三傑」で、吉井友実（一八二八年生まれ）・西郷隆盛（一八二八年生）・大久保利通（一八三〇年生）である。

いずれも下士であるから、格式を要する場面では五五〇〇石の領主家に生まれた小松帯刀《たてわき》（一八三五年生）を立てたが、その小松も、飾り物どころか吉井に代わって維新十傑に選ばれるほどの人物で、維新直後に早死にするが、生前の勲功で後年伯爵に叙せられたほどである。

薩摩三傑・維新十傑はもとより、維新三傑（あとの一人は木戸孝允）にも選ばれている西郷と大久保に比べると、薩摩三傑にしか数えられない吉井の評価はかなり低いが、明治二年の「戊辰戦功賞典表」と「復古功臣賞典表」を併せてながめると、その真の実力がわかる。

維新志士が授かった賞典は、西郷隆盛二〇〇〇石、木戸孝允・大久保利通・廣澤真臣が一八〇〇石で、大村益次郎の一五〇〇石がこれに次ぐ。その下に並ぶ一〇〇〇石組が吉井友実・板垣退助・伊地知正治・小松帯刀・岩下方平《みちひら》・後藤象二郎の六人だから、吉井は同率六位といったところである。

右の十一人が維新志士の第一世代であるが、西郷・木戸・大久保・廣澤・大村・小松が早々と姿を消したので、明治十一年まで残ったのは吉井・板垣・伊地知・岩下・後藤の五人だけである。生き延びたために政体のトップに立ったこの五人のうち、参議・卿・大臣・議長にならななかったのは岩下と吉井である。この五人は華族令で勲功により叙爵され、明治十七（一八八四）年の第一回で吉井・伊地知が、少し遅れて明治二十（一八八七）年に板垣・後藤が伯爵になった。このとき岩下が子爵にとどまったのは吉井と同じで、卿・大臣に就かなかったからではないと思うが、その吉井を伯爵にせよと明治天皇がわざわざ指図したのである。

薩摩ワンワールドの第二世代の主柱は、大西郷の弟で帝国陸軍ナンバー2の小西郷こと西郷従道（一八四三～一九〇二）と、その一歳上の従兄で陸軍ナンバー3の大山巖（一八四二～一九一六）である。

山縣有朋が陸軍ナンバー1になったのは、渡欧を年来の念願としていた大西郷が自分の身代わりにしたに過ぎない。明治十（一八七七）年に偽装死してジュネーヴに渡った大西郷から山縣に送ってきた指令を、山縣が忠実に実行するかどうか、この二人が監視していたのである。金銭欲の弱い山縣に大西郷が大金を与えたのは言うまでもなく、結局のところ山縣は大西郷から指令と金銭、小西郷と大山巖から厳しい監視を受けながら陸軍の軍政を進めていたのである。

大西郷が長州卒族の山縣を陸軍のトップに就けたのは、じゅうらいの士族兵制を募兵制・徴兵制に切り替えるためで、自分にとってはつらいその役割を担わせたのである。その事情を拙著『ワンワールドと明治日本』に詳述したが、これが判らねば日本近代史を間違えるから、是非ご参照頂きたいと思う。

薩摩ワンワールドの第二世代で小西郷・大山に次ぐ主軸は高島鞆之助（一八四四〜一九一六）とその従兄でかつ義弟の野津道貫（一八四一〜一九〇八）である。この二人が上原勇作（一八五六〜一九三三）を育てて薩摩ワンワールド第三世代の主柱としたのである。

■樺山資紀の台湾島探索の意味

薩摩ワンワールドで忘れてならないのは樺山資紀（一八三七〜一九二二）である。

大西郷に見込まれていた樺山は、明治四（一八七一）年の御親兵募集に際し大西郷の命を受けて鹿児島に残ったため、陸軍内での昇進は遅れ、牡丹社《ぼたんしゃ》事件の初報が入ったときは熊本鎮台鹿児島大弐心得《だいにこころえ》（分営長官代理）で陸軍少佐であったが、そんなことを気にする人物ではない。

明治四年秋に起こった宮古島漂民の殉難が本邦に伝わったのは一年後の明治五年で、これを聞いた樺山は独断で上京し、陸軍元帥西郷隆盛ならびに陸軍少輔西郷従道に報告して指揮を仰いだ。樺山が真っ先に大西郷の私邸に駆け込み、一件を報告してその指示を仰いだのは、島津斉彬の「台湾領有の宿願」を薩摩ワンワールドが引き継ぎ、その棟梁が大西郷であるとの認識である。

その後、陸軍省に赴いた樺山は、陸軍少輔西郷従道に一件を報告し、台湾での現地視察の必要を陳情した。樺山少佐よりも六歳も若い小西郷はこのとき陸軍少将であった。政府要路の薩摩人に台湾征討を力説した樺山に、両西郷は台湾島の実情を調査するため台湾偵察を命じる。台湾島領有が島津斉彬以来の薩摩藩の宿願だったことを初めて明らかにしたのが拙著『日本教の聖者・西郷隆盛と天皇制社会主義』である。この拙著は、征韓論にまつわるこれまでの謬《びゅう》論《ろん》を喝破して世に初めて真相を明らかにしたものだから、是非ご覧いただきたい。

嘉永四（一八五二）年、島津斉彬の密命を受けた西郷隆盛が、國體の秘密国是たる「台湾・先島《さきしま》経略」の展開に必要な調査として秘かに行なったのが、台湾および八重山群島の偵察である。

これは國體天皇禅楽（伏見殿邦家親王）の指示を受けた斉彬が立てた「南下政策」の準備工作であった。西郷の流罪も、斉彬の密命で台湾探索に出た西郷のアリバイを作るために謀られた八百長である。

「南下政策」は「満鮮経略」とともに、大和ワンワールドの根本国是をなす「台湾・先島経略」の一環であるが、地球ワンワールドの根本政策に属するから日本の独断で決められるわけはない。そのことは、日清戦争後の下関談判で台湾島と遼東半島が日本の領有になると、直ちに三国干渉で遼東半島を返還させられる経過から誰にでも分かるはずである。

樺山資紀の行動から窺えるのは、島津斉彬が國體天皇から命じられた「台湾・先島経略」を

孫娘・白洲正子を膝にした樺山資紀

皇道大本の尊師・出口王仁三郎

薩摩ワンワールドが維新後にもしっかりと伝えていたことである。

■清水寺月照が國體奥義を西郷に教える

清水寺本願成就院の住職月照《げっしょう》が、安政五（一八五八）年に「大獄」を口実にして親友西郷と共に薩摩に遁《のが》れたのは、道中で西郷に國體の秘奥を教えるのが目的で、以後の西郷は國體奉公衆となったことを國體舎人から教わった。

なるほど、そうだったのか！

島津藩が幕府に命じられた天下普請による財政難を救ってくださったのが國體天皇伏見殿で、その手駒となった薩摩藩士の一部が國體勢力と結びつき、斉彬の腹心西郷隆盛も月照の教えを受けて國體天皇直下の國體奉公衆となった。時に安政五（一八五八）年のことで文久三（一八六三）年の薩英戦争のあと、薩藩下士連合が在英ワンワールドの支部になるより五年も前のことである。

國體天皇禅楽（伏見宮邦家親王）の「飛車」だった青蓮院の魔王朝彦親王と、「角行」だった勧修寺宮晃《あきら》親王の連絡に当たったのが清水寺の本願成就院の住職月照である。

文化十（一八一三）年に大坂で町医者の長男として生まれた月照が、叔父蔵海の伝手《つて》を頼って入った音羽山清水寺は、南都興福寺や東大寺にも匹敵する巨刹《きょさつ》で、その三職のひとつ、本願職の成就院の住職に二十三歳で就いたことからみると、月照のほんとうの門地は摂家はおろか親王にも匹敵する血筋と観るのが妥当である。

西郷隆盛と水魚の交わりをした薩摩藩主島津斉彬が、安政五（一八五八）年七月十六日に五十歳をもって急死したので、後を追って殉死しようとした西郷を、月照が諫止《かんし》したという譚を疑う人はまずいないが、この譚は真相とまるで異なる。

月照は、堀川政略の一環として、「國體命令を受けた島津斉彬が欧州に在って開国に備えるため、偽装死して渡欧した」ことを知悉《ちしつ》していて、十五歳下の西郷にこれを教えたのである。この最奥秘事を知っていたことでも、月照の出自がワンワールド勢力の最上層であることは間違いないが、東西いずれの王統であろうか。わたしには西王族のように思われる。

安政五（一八五八）年十一月十一日に西郷と抱き合って錦江湾へ身投げした月照の水死はいうまでもなく偽装で、薩摩藩上層部の計らいで薩摩から長崎に向かった月照は、長崎・佐賀間の港に隠れて欧州事情を窺っていたのである。

これより十九年後の明治十（一八七七）年五月、「西郷、もういい加減にせんか！」と呼びかけた木戸孝允に応じて渡欧する西郷隆盛は、鹿児島私学校の生徒を託した桐野利秋・村田新八と袂《たもと》を分かち、佐賀県北端の呼子《よぶこ》港から密出国し満鮮国境の羅津《ラジン》から上陸して陸路欧州に向かったと聞く。これを周旋したのが長崎に潜んでいた月照とのことである。その血筋はやはり欧州大塔宮とみるのが妥当であろうか。

ちなみに、偽装死した場合、思いがけなく知人に遭って見破られることもあり得るが、これを防ぐための顔面整形術は古代から行なわれていた。それを専門とする一族を「タカス」と呼ぶと聞いた。

大西郷の「対韓礼節外交論」は台湾征討の方便

明治四（一八七一）年秋に台湾に漂着した宮古島漁民が、現在の屏東県《へいとうけん》の南東端に位置する牡丹郷《ぼたんごう》の現地民（生蕃《せいばん》）に惨殺された牡丹社事件が、明治六（一八七三）年のいわゆる征韓論争と深く関係することを初めて明らかにしたのが拙著『日本教の聖者・西郷隆盛と天皇制社会主義』である。

明治六年、開国を拒む朝鮮に対する砲艦外交めいた外務省案が閣議に提出されると、大西郷がこれを抑えて礼節外交を主張したのは、この時点ですでに、旧薩藩士の間で台湾派兵が秘密裡に決定していたからである。

斉彬公以来の宿願たる征台実行を前にした大西郷は、板垣流の強引な朝鮮出兵を事前に食い

國體天皇の片腕だった勧修寺宮晃親王

魔王朝彦親王と晃親王の連絡役・月照

牡丹社事件、台湾生蕃と日本陸軍兵

止める必要を感じ、板垣征韓論を抑え込むために自らの朝鮮派遣を主張したのである。つまり、大西郷が朝鮮に対する礼節外交を主張したのは、これをもって板垣流征韓論を斥けることができる一方で、これが朝鮮に有事をもたらす可能性が毛頭なかったからである。

もっとも大西郷には別の事情があった。それは安政五（一八五八）年に偽装死した旧主島津斉彬が、欧州スイスのジュネーヴで、以前から西郷を呼んでいたからである。斉彬は國體天皇禅楽の密命を帯びてジュネーヴに渡り、明治開国に備えて憲法と条約の研究をしていたのである。

維新のためには大西郷の存在が日本に必須であるから、その間はやむを得ないが、「維新が成就したならば、あとは他人に任せて一刻も早うジュネーヴに来てたもんせ」というのが、斉彬の要望であった。斉彬は憲法案の作成に西郷の援けが必要と考えたのである。

斉彬公自身が示しているように、一国の命運を背負う立場になると、自分の意思を主張して勝手に出国することなぞ許されるべくもないが、死んだのならやむを得ない。わが事としてこれを悟った大西郷は、いざ渡航に際して、みずからの偽装死もあえて避けない覚悟で、それなりの工夫を凝らしていた。

幕末以来ずっと欧州渡航の志を秘めていた大西郷が備えていた手段は、①写真を撮らせぬことと、②影武者を用意したこと、である。自分と似た体格でかつ象皮病患者を探して影武者とし、将来に備えて写真を一枚も撮らさぬように心がけたのである。あるいは、③として前述の「タカス」の世話になったこともあり得る。

大西郷がいよいよ渡欧決行の決心を固めた時期を推測するのは簡単ではない。明治四（一八七一）年秋に渡欧する岩倉使節団の留守を引き受けた西郷は、大隈・副島・大木・江藤らの佐賀勢に政治を任せながら、秘かに渡欧の実行計画を練っていたが、晴れて出国など出来る立場にないことが最大の問題である。

「出航は名護屋の密航基地と決めもしたから、万事は月照上人に任せておけばヨカが、問題はオイ自身の始末じゃ。

生きて出国すっわけにもいかず、病気で死んだと世をたばかるほかはなか。じゃっどん、こげな身体じゃ人目もあいもすに、そいもムツカシか。いっそ戦死の機会でもあらばと思うちょいもす」

神奈川県知事陸奥宗光が謀った國體天皇のニセ写真

渡欧のために偽装死の志を抱懐していた西郷隆盛が参考にしたのは、明治四（一八七一）年に神奈川県知事陸奥宗光が謀《はか》った睦仁親王のニセ写真である。

明治四年十一月十七日の大嘗祭の直前に横須賀造船所に御幸された睦仁親王は、実は北白川宮智成《さとなり》親王が装った替え玉であった。これをオーストリア人カメラマンのスティルフリートにわざとパパラッチさせたのが神奈川県知事陸奥宗光で、その原版を法外な大金で回収することを申し出て、スティルフリートを欺いたのである。

睦仁親王が近々國體天皇になることを欧州王室筋から聞いた外人貿易商たちが、肖像を欲しがったのは、他日名前を変えて欧州に渡ることを欧州ワンワールドから聞いていたからである。

スティルフリートは、もう一枚の原版の写真を睦仁親王真影として秘かに横浜の外人貿易商たちに高価で売りつけた。横浜市中に流出したその写真は、今日の歴史作家を迷わせている。陸奥の謀ったニセ写真の余波は百数十年経っても残っているのである。この一件は拙著『国際ウラ天皇と薩長新政府の暗闘』に詳述したから、陸奥宗光の凄さを知りたい方は是非お読みいただきたいと思う。

替え玉といえば、さる平成二十九年二月十三日にマレーシア・クアラルンプール空港で起こった金正男の影武者の殺害事件が国際的マスメディアと東アジア諸国を混乱させているが、写真でなくテレビとビデオを用いたのが今日的である。

クアラルンプール事件は偽装死でなく、二月三日の本人の病死を世間に伏せながら影武者を殺害したのである。影武者も事前に承知していたので一種の殉死であるが、目的は最終段階に

北白川宮智成親王が替え玉になり
睦仁親王御幸として頒布された写真

撮影したオーストリア人写真家
スティルフリート

入ったシリア情勢からマスメディアの眼を逸らせるためと聞くから、これを契機に、まもなくシリアと朝鮮半島で有事をみせられることと思う。

右にみたように、生死にかかわる偽装トリックの定番は写真と影武者の組み合わせである。岩倉使節団の門出を見送った明治四（一八七一）年十一月十二日に日本政体のトップとなった参議西郷隆盛は、その直後の十一月二十一日に行なわれた陸奥宗光のニセ写真事件を知っていたのは当然である。

被写体となった智成親王はこの直後に、北白川宮家の跡目を異母兄公現《こうげん》親王（のち能久《よしひさ》親王）に譲るよう遺言し、偽装死して南米に渡る予定であるから、ニセ写真がばれる惧《おそ》れはない。

睦仁親王の写真は幼児時代のたった一枚しかないから、容貌は判らない。横浜から世界に拡散したこのニセ写真の効果で、ホンモノの睦仁親王は、内外のどこを歩いても本人と知られることはないのである。

牡丹社事件が発生

明治二（一八六九）年に島津忠義の要請で鹿児島に帰り藩政改革に従事していた西郷隆盛は、箱館戦争の指揮のために東行するが、東京残留の要請を断わって鹿児島に還り、明治三年に鹿児島藩大参事に就く。この間、東京では維新官僚の驕《おご》りによって民心が新政府から離反しつつあることを察した西郷は、これを戒めるため新政府に仕える軍人と官僚の薩人を帰郷さすべく工作を開始した。

これに危機を感じた新政府の岩倉具視と大久保利通が、鹿児島にきて政府出仕を説得するも肯《がえ》んじなかった西郷は、明治二年から山縣有朋とともに欧州視察に出ていた弟の西郷従道が帰国すると、その説得を受けて明治四年の初頭に上京する。

西郷が将来の渡欧に備えて基本的準備をしていたのは、この二年足らずの鹿児島時代と見られる。陸奥のニセ写真の一件を見た西郷は、「陸奥ドンはさすがじゃ、若いのになかなかやいもすな」と感嘆しながら、自分の立場を睦仁親王に置きかえてみた。

写真は幕末以来一枚も撮っていないし、影武者も鹿児島で秘かに養ってきたから、自分の立場は睦仁親王とよく似ている。「問題は決行の時機じゃ。岩倉が帰航するまで待たねばならんからのう」

その時たまたま生じたのが宮古島漂流民の台湾での虐殺事件であった。明治四（一八七一）年の秋に岩倉使節団の出航直後に生じた牡丹社事件が、日本に伝わったのは一年後の明治五年秋である。これを知った樺山資紀が独断で上京したのは報告のためだけでなく、具体的行動の命令を大西郷から受けるためである。樺山から一件を聴いた大西郷は好機来るとして、直ちに台湾征討の意思を固めたが、岩倉一行の帰国を待たねばならないのは当然である。

その昔、斉彬公の命を受けて渡航した台湾に男子まで遺してきたものの、その後は斉彬遺命の台湾征討の機会が到来せず扼腕《やくわん》していた大西郷は、二十二年後の明治六（一八七三）年に牡丹社事件が生じ、その談判に清国に行った大使伊達宗城《だてむねなり》と外務大丞柳原前光《やなぎわらさきみつ》が、清国政府から「生蕃《せいばん》は化外《かがい》の民」との言質を取り付けたと聞いて、その功績を高く評価した。このとき大使一行に同行していた樺山資紀も快哉《かいさい》を叫んでいる（未発表の「樺山資紀手記」）。

廃藩置県で鹿児島県となったのちにも台湾征服の機を窺《うかが》っていた薩摩藩は、明治四年の牡丹社事件を好機として、新政府の制止などどこ吹く風で台湾征討に向けて走り出した。明治七年に実行された台湾征討で征台都督に就いたのは陸軍大輔西郷従道（小西郷）である。

当時の大清帝国は満州族が中華本部とその周辺地域を征服して君臨した征服王朝で、出自の満洲（東三省）を直轄地とし、中華本部十七省と新疆《しんきょう》省のほかに王化《おうか》に浴した衛星国として蒙古・チベット・ウイグルの諸族を間接支配していた。問題の台湾は福建省からの移民が中華人民のため、清朝の支配下にあったが、生蕃と呼ばれた土着民は、王化に浴さない、いわゆる「化外の民」であった。つまり完全に領有していたわけでない清朝政府は生蕃と外国人との紛争に「われ関せず」の立場であった。

それよりも、日本が被害を主張する「琉球民」が果たして日本国民かどうかを清朝政府は問題にしたが、日本が琉球を固有の領土と主張したのは言うまでもない。その交渉の過程で、清朝の要人から「生蕃は化外の民」との一言を引き出したのが柳原前光であった。

清朝の統治は属人主義だから、「化外の民」が起こした事件の責任を取らないが、逆に「化外の民」と第三国の間に何事が起きても、清朝は文句が言えないわけである。

法理的にも「化外の民」の住地は清朝の領土とは言い難く、斉彬の遺志を奉じた薩摩藩が台湾に侵攻した場合、台湾を獲得することも全く不可能ではなかったのである。

こうしてみれば、日本が大東亜戦争の敗戦で放棄した台湾に侵入した国民党は、武力により台湾島を占領して新たな政権を建てたと見る以外にない。これを中華人民共和国が「歴史的にわが中国の不可分の領土」なぞとは、政治的主張に過ぎないにしても、まことにおこがましいものである。

さて、台湾出兵の準備を秘かにしていた日本は、朝鮮国との間に、その開国をめぐる外交問題が発生していたが、かつて斉彬公の密命を受けて台湾と先島を探索してきた経緯から台湾征討に神経を集中したのが大西郷であった。この絶好の機会に際して、朝鮮なぞに構ってはおられんと考えた大西郷の足を引っ張ったのが旧土佐藩上士板垣退助の一派で、失業士族の救済のために朝鮮征討を主張しだしたのである。

岩倉使節団の留守中に政権を握った旧鍋島藩士（佐賀人）が、使節団との人事約束を破ったことが根底にあり使節団と留守組の間に政論が征韓論争の形で闘わされるが、これに際して一貫して礼節外交を主張したのが大西郷である。いうまでもなく、板垣らが主張する朝鮮出兵を何としても避けて国力を台湾征討に集中したいからであった。

大西郷が小西郷の台湾征討に反対していた、との説が巷間に流れるが、思考力を欠いたごく皮相の説である。

ウバイド海洋勢力の東極をなす「大和ワンワールド」の国是は、「台湾・先島経略」と「南島経略」である。フィリピン・マレーシアなどを対象とする後者はひとまず措き、前者の主旨は、釜山（草梁倭館《チャリョン》）から対馬→長崎→鹿児島→琉球（沖縄）→先島諸島→台湾→香港と連なる海上交易ルートの確保であるとの認識は共通していたが、その実現のための方法論が「大西郷の朝鮮使節派遣」と「小西郷の台湾出兵」という形で顕《あら》われただけで、両者はまったく矛盾しておらず、政策の優先順位がいわゆる〝征韓論〟を巡る両西郷の対立と誤解されているのである。

明治七年の台湾征討で得た成果は、それまで日清両属を極めこんでいた琉球島と先島の日本帰属が確定したことである。「台湾・先島経略」の第一段階が台湾征討によって実現できたので、台湾島そのものの領有は日清戦役まで待つこととなった。

征台に成功して大西郷渡欧の時機到る

牡丹社事件の処理のため、明治七（一八七四）年に台湾蕃地事務都督となった西郷従道は陸軍中将に進級する。ときに三十一歳であった小西郷はその後、参議・陸軍大臣を経て、明治十八（一八八五）年には現職陸軍中将でありながら海軍大臣に就き、明治二十七（一八九四）年に海軍大将になった。

これ以後、海軍を差配することとなった小西郷は陸軍を大山巌に任せるが、その頃から山縣の専断が目立ってくる。その理由として考えられるのは、①監視役が大山巌一人になったこと、②大西郷の欧州からの指令が途絶えたこと、③イエズス会の工作を受けたこと、である。

台湾から凱旋した樺山資紀はその後、陸軍大佐から大警視（警視総監）に就いたのち、陸軍少将から明治十七（一八八四）年に海軍少将に転じ、以後は海軍大輔（次官）として海軍の柱石となった。海相として陸相高島鞆之助と日本軍の双璧になった樺山は、二人して日清・日露の戦争準備を行なった。

日清戦役で海軍軍令部長として指揮を執った樺山は、その功績で明治二十八（一八九五）年に海軍大将に進級し、日清戦役後の下関会談で日本領土となった台湾の総督に就く。

ところが新領土となった台湾で原住民が蜂起したため陸路掃討の必要が生じたので、陸軍中将高島鞆之助（一八四四〜一九一六）が台湾副総督に就き、陸軍を率いて土蕃掃討に当たり、苦心の末に平定した。

岩倉などが板垣をうまく抑えたことで、朝鮮出兵が回避されたことに満足した大西郷は、台湾征討を小西郷に委ねて故山へ還《かえ》り、斉彬の待つジュネーヴに渡る準備を始めたが、そこで鹿児島私学校の生徒らに担がれることとなった。大西郷にとって、私学校生徒の処分も渡欧と同じくまた避けることのできない課題であった。

大西郷の城山の最期が偽装死だったことを、初めて明らかにしたのが拙著『ワンワールドと明治日本』である。象皮病を患った大西郷は、身体的特徴の似た影武者を早くから用意していたが、「西南の役」を桐野利秋と村田新八に任せ、影武者を城山に遺して唐津（佐賀）の呼子《よぶこ》港を秘かに船出し、北朝鮮に上陸して陸路を欧州に向かったと聞く。

西郷出国の目的はジュネーヴの地で旧主島津斉彬に仕えるためである。いとこの大山彌助（巌）が明治三年に抜擢されてなった陸軍少将を辞し、ジュネーヴで目的のハッキリしない私費留学を続けていたのは、実は当地で斉彬に仕えていたのである。

歴史の通説がおかしくなるのは、明治六年の征韓論で廟堂《びょうどう》（政府）を去り薩摩へ還った大西郷を、東京に呼び戻す説得役としてジュネーヴの大山彌助を選んだというあたりからである。

陸軍少将を辞しての私費留学のため、政府ないし陸軍の帰国命令が通用しない彌助の召喚役として、岳父の吉井友実が選ばれたというのがそもそも不自然である。ほんらい吉井は西郷と同年で、ニセ（若衆）の頃から西郷の親友中の親友であったから、西郷の召喚役としてはいとこの大山彌助よりもむしろ適材であった。

拙著『日本教の聖者・西郷隆盛と天皇制社会主義』で明らかにしたのは、征韓論争に際して大久保が用いた「一ノ秘策」とは、三条実美の仮病のために太政大臣「代理」となった岩倉具視を、勅命によって太政大臣「代行者」とすることであった。これにより大西郷の朝鮮行が不可能となったことを知った宮内少輔吉井友実がそのことを大西郷に伝えたところ、直ちに廟堂を去ったのである。

大久保に与《くみ》して征韓に反対した吉井には、西郷に合わせる顔がない、などとは小人物の想像で、そんな回りくどいことより、吉井自身が鹿児島に大西郷を訪ね、ハラを割った説得をすればよさそうなものだが、そもそも吉井にも西郷にもその必要はなかったのである。

斉彬の腹心として、西郷が廟堂を去ったのは偽装死と渡欧が目的で、訪韓論も辞官の口実であることを知っていた吉井が、西郷の訪韓に反対したのは、西郷のための八百長であった。

その目でみれば、女婿大山彌助を連れ戻しに欧州へ行く吉井が、宮内少輔を辞して私費渡欧というのも不自然である。そもそも大西郷を東京に呼び戻す必要がないことを知る吉井の渡欧は、女婿大山彌助のジュネーヴ滞在と同じ意味があり、ジュネーヴで斉彬に逢って何らかの指図を受けることが目的とみるべきである。また、いずれ渡欧する大西郷のために現地の環境を整える必要もあった。

さて、大西郷城山討死の一件に関しては拙著『ワンワールドと明治日本』に詳述したから、お読みいただければ、納得されるはずである。

第六章

公家堤家と大室王朝

周蔵の祖父・堤哲長の正体

「周蔵手記」を解読するために、まず吉薗周蔵の背景を見るのは当然である。そこで気づくのは、周蔵が少年にして数々の特別扱いを受けていることである。

①元首相・海軍大将山本権兵衛に熊本高等工業を特別に受験させてもらった。
②華族の文化人・武者小路実篤の秘書となった。
③陸軍大臣・陸軍中将上原勇作から直々に命令を受ける個人付特務を命ぜられた。

このようなことは、とくに当時は家系・門地の裏付けがなければ到底かなうことではない。門地といっても宮崎県小林あたりの豪農ではこうはいかない。表面上はギンヅルの公家奉公の実績が効力を発揮したかに見えるが、そのほかに何かがあると感じたわたしは祖父堤哲長《つつみあきなが》を掘り下げることにした。

堤哲長は林次郎が五歳になった明治二（一八六九）年に他界してしまう。これが偽装であったことは後述するが、このとき長男雅長はまだ十三歳で、本家甘露寺の功長が二十五歳で堤の家督を継ぎ、雅長はその養子にされた。

「周蔵手記」によれば、その際の葬儀費用を負担したギンヅルは、代償として林次郎の家督相続（あるいは認知か）を迫って相当ゴネたが、うまくいかず、二年ほど京都に居座っていたものの、諦めて吉薗家に戻ってきたようである。

ギンヅルが周蔵に宛てた書簡には、林次郎が一旦は「次長」という諱《いみな》を称したことを述べている。これから想像するに、哲長未亡人の山本清容院がギンヅルの条件を呑み、哲長の後継ぎにして次長を名乗らせたところ、本家甘露寺が猛反対して、ギンヅルと争いになったが、結局、甘露寺が功長を養子に送り込んで堤の家督を継がせたものと思われる。

堤家は江戸中期に甘露寺家から分かれた下級公家で当初は中川家と称した。格式は「名家」であるが、家禄の蔵米三〇石三人扶持は甘露寺の二〇〇石、武者小路と勘解由小路《かでのこうじ》の一三〇石と比べても格段に小さく、典型的な貧乏公家であった。

ちなみに当時は、武士はもとより公家にも家禄があった。家禄には「知行」と「俸禄」があり、上級武士および上位公卿の家禄は「知行」で、采邑《さいゆう》と呼ばれる知行地の徴税権を与えられる。知行の大きさは、各知行地について検地で定められた石高で表示されるが、幕末当時の税制では貢納分は三割五分で、残りは百姓分が一般的であったから、知行二〇〇石といえば蔵米で七〇石にしかならない。

下級武士すなわち下士・卒族と下級公家すなわち平堂上《ひらとうしょう》・諸大夫《しょだいぶ》の場合は「家禄」と呼ばれ、その家に給される「禄」と職務給の「俸」とを併せたものである。「俸」の単位を「扶持《ふち》」といい、一人扶持が一日玄米五合の三百六十日分で一・八石だから、三人扶持とは玄米で五・四石である。

したがって、堤家の三〇石三人扶持は、〆て三五・四石で本家甘露寺の半分ではあるが、旧家の公家には定まった家業があり、たとえば甘露寺や勘解由小路は儒道、武者小路には歌道がそれで、必ず副収入を生む。

そのような家業がない堤家は典型的な貧乏公家で、医業の真似事をして家計を維持していたと「周蔵手記」は記す。それもあったろうが、縁戚島津家から合力《ごうりき》(資金援助)を受けていたと思われる。堤家の由緒や家門の特殊性について本稿では略述しかできないが、拙著『欧州王家となった南朝皇統』に述べたので、それを参照して戴きたい。

維新政府の高官となった堤哲長

周蔵の祖父の正三位右京大夫堤哲長は、慶応四＝明治元(一八六八)年二月二十日に成立した政府機構の「八局制」において参与兼制度事務局権輔に任じていたことが『明治史要』にうかがえる。

参与は総裁・議定《ぎじょう》に次ぐ維新三職の一つで後の二等官に当たり、また権輔は後の各省少輔（三等官）に相当する高官である。明治二年の「官禄表」では三等官（少輔）の官禄は現米七〇〇石で、維新前の堤家の家禄三五・四石の二〇倍である。

また明治三年の「皇族華族旧堂上家録表」によれば、甘露寺から哲長の養子になり堤家当主となった功長と、哲長の次男で甘露寺の養子となって新しく松ケ崎《まつがさき》家を興した萬長《つむなが》が支給される旧堂上家禄は、それぞれ「現穀二五四石一斗」である。

これは職俸でなく、何もしないで支給される家禄であるが、官職では八等出仕（陸海軍中尉）が受ける俸給の現米二七〇石とほぼ同じである。それでも旧幕時代の家禄三五・四石（三〇石三人扶持）とは比べ物にならない厚遇で、幕政時代に下級武士並みだった下級公家の家禄が維新後大幅に引き上げられたことを物語っている。

ところが慶応四年二月に新政府の高官となった堤哲長は、早くも閏四月に近習《きんしゅう》に転じる。先帝孝明の側近が当今陛下（大室明治天皇）の近習となるのは異例の人事である。俸給の増加もさることながら政府高官から天皇近習に転じた哲長には、医者の真似事をする暇はなく、またその必要もなかったはずである。

『ニューリーダー』の連載を進めていたわたしは、この補任人事を知ったことで、極めて堅固な壁にぶつかった。その「壁」とは、周蔵の娘の吉薗明子氏が語る吉薗家伝で、「幕末維新のころに西諸縣郡小林村の吉薗家に戻ってきたギンヅルが旦那の堤哲長を伴っていた」というものである。

たしかに「周蔵手記」にも、「小林村に戻ってきた婆サン（ギンヅル）は保健婦のような仕事をし、京都から婆さんについて来た貧乏文士の哲長は医師の真似事をしていた」とあり、また「幕末明治の混乱を民間医療行為で乗り切った」とある。さらに「ギンヅルは林次郎を堤家の跡取りにしようとして浅はかな欲を張った」ようで、それに失敗して「林次郎五歳の時に小林に帰ってきた」のであろう。「その争いのために林次郎は学校に行けなかった」としている。

堤哲長の薨去は、霞会館編『旧華族家系体系』では明治二（一八六九）年四月四日とされていて、これが公式な薨去日である。慶応元（一八六五）年生まれの林次郎は数え五歳で、哲長と死別したギンヅル母子は、このときに日向に引き揚げてきたのである。

すると問題は、哲長が小林村で「医者の真似事」をしていた時期である。「周蔵手記」は明記していないが、それは哲長薨去の明治二年四月より以前でなければならない。

吉薗明子が「幕末明治の混乱のとき哲長は京都で町医者をやっていた」というので、当初はそれを信じながら「周蔵手記」を解読していたわたしは、公家堤哲長の公的活動を追っていくうちに幕末から明治二年四月までの堤哲長の事蹟が判ってきて、疑問を抱くようになった。

公家人事に関する公開記録では、孝明先帝の生前には近習として君側を離れなかった哲長の慶応二（一八六六）年末の孝明崩御後の動静は判らないが、維新直後の慶応四（一八六八）年閏四月に新政府の高官に抜擢されているから、慶応三年を除いて哲長に日向国に赴く暇なぞなく、洛中で医者の真似事をして世渡りする必要もなかったことが分かってきたのである。

公開記録と家伝の矛盾を解く補任記録

吉薗家伝を公開記録に照らせば、哲長が医者の真似事をして世渡りした期間は、慶応二年暮の孝明との死別から、慶応四年四月に維新政府に登用されるまでの一年余りの間となる。

したがって、医者の真似事は慶応三年のことと考えれば済むわけだが、わたしの直観はそれを容認しなかった。孝明が偽装崩御してから奇兵隊天皇が即位するまでの間の哲長は多忙だったはずである。この謎を乗り越えなければ哲長のことが分からず、周蔵の背景も判らないままである。

そこで、周蔵の祖父堤哲長の幕末から明治初年にかけての動向を公文書で追究したわたしが、ようやくたどり着いたのが『明治史要』慶応三年十一月二十四日条の記事である。

征夷大将軍徳川慶喜が十月十四日に大政奉還を上表し、これをもって明治史が始まる。その上表を認められた慶喜が征夷大将軍の辞職を上表した十一月二十四日に、「奇兵隊ノ天皇」の朝廷もこれに対応する行動を起こした。それは何と、下級公家の一家の新設だったのである。

太政官修史局の編纂による『明治史要』の慶応三年十一月二十四日条は次のように記す。

二十四日　徳川慶喜、上表シテ征夷大将軍ヲ辞ス。○甘露寺勝長（左中弁）ノ義子萬長ヲ堂上ニ列シ、松ヶ崎氏ヲ称セシム（家禄三十石、俸三人口）。

慶喜の将軍辞任という世紀の重大事に並べて記録するのが、「左中弁甘露寺勝長の義子萬長を堂上に列して松ヶ崎を名乗らせた」という平凡な公家の補任人事である。外観上いかにも平凡なこの補任記事こそ、太政奉還に先駆けて「堀川政略」の維新工程が始まったことを秘かに示すものであることが分かったが、それは後で述べる。

新政府の高官に抜擢された直後に天皇の近習となった哲長は、日向まで都落ちして医師の真似事なぞする暇もないうちに明治二年四月に薨去するから、維新後に小林村に往ったり町医者の真似をすることはありえない。論理的には慶応三年のことと観るしかないが、先述のようにわたしの直観はこれを認めない。

哲長の官職事歴と吉薗伝承とのギャップはあまりにも大きく、真相の前に立ちはだかる強固な壁を独力で越えるのはムリと感じたわたしが勇を鼓し、これまで分析した結果を奉じながら「京都皇統代」に問い合わせた。ときに平成二十五年の秋であった。

「もっと早く聞けばよいのに……」と、諸兄姉は思われるだろうが、そもそも気軽に教わることのできる相手ではない。問題を充分に整理したうえで洞察した私見を言上すると、ときに答えを戴く場合があるのである。ところが、この時は舎人加勢から直ちに教示があり、「哲長は堀川御所で資産管理を命ぜられた」と言われて一瞬で合点したのである。

舎人の一言で覚った「幕末最大の謎」の真相

宮内庁が保管する「中山忠能日記」に記された「寄《（奇）》兵隊ノ天皇」の意味が不明のため、古来論議の的になっているが、これを拙著『明治維新の極秘計画』が明らかにした。偽装崩御された孝明先帝を追って堀川御所に入る皇太子睦仁親王と交代に京都御所に入り、睦仁に成りすまして第百二十二代の皇位に即く長州藩奇兵隊士大室寅助（寅之祐）のことを、中山忠能は「寄兵隊ノ天皇」と表現したのである。

その間の実情を合理的に説明した書物は、拙著『京都ウラ天皇と薩長新政府の暗闘』以前には存在しないが、学校史学はもとより教科書史観を拠りどころにする大方の史家・歴史作家は今となっても拙著を認めず、そのため近現代史学は停滞したままで、わずかに坂本龍馬などの些事を漁っているだけである。

　孝明の偽装崩御から半月後の慶応三（一八六七）年正月九日、奇兵隊士大室寅助が践祚《せんそ》して新天皇になるが、その朝廷は何らの新方針も出さないまま、大政奉還まで十カ月余りを漫然と経過した。その理由を、史筆は「喪に服していたから」などと誤魔化すが、一般的に言えば服喪期間こそ裏面政治が最も盛んな「時宜」であるから、そんなものは解説をなさない。これは目立つ動きを意図的に慎んだものと観るしかないのである。

　奇兵隊天皇の践祚から王政復古まで十カ月も掛かったのは幕末最大の謎とされているが、この間に「奇兵隊ノ天皇」の朝廷を支配していたのは中山忠能・正親町《おおぎまち》三条実愛《さんじょうさねなる》・中御門《なかのみかど》経之《つねゆき》の「幕末三卿」である（拙著『京都ウラ天皇と薩長新政府の暗闘』に詳述）。

　最近になり京都皇統舎人から「哲長が堀川御所の資産管理を命ぜられた」と教わった途端、わたしが覚ったのは、孝明崩御後に朝廷を支配していたこの三卿が、慶喜から大政奉還を受けるまで目立つ動きを避けたのは、その間に國體ファンドを堀川御所に移す作業に忙殺されていたからである。つまり、「奇兵隊ノ天皇」の朝廷はひたすらファンド移転作業の完了を待っていたわけである。

國體資産と皇室資産の振り分け・移動を命ぜられた哲長の活動は、慶応二（一八六六）年末の孝明崩御に始まり、慶応三年いっぱいは忙しかったことが察せられた。つまり、慶応三年の哲長は巷間で医者の真似事をしている暇はなく、その必要もなかったのである。

さらに、大政復古後に堀川御所で國體ファンドの管理に専心することを命ぜられた堤哲長は、その準備のため本家の甘露寺から功長を入れて堤の家督を譲るが、その代償として次男萬長が新たに堂上家開設の恩典を賜ったわけである。

しかも哲長は、國體資産の管理業務が本格的に始まった明治二年に急死しているから、吉薗家伝の矛盾がかえって明確になった。

これを合理的に説明できるのは「哲長の偽装薨去説」だけである。つまり、明治二年四月の哲長薨去は偽装で、これを機に裏に回った哲長が本格的国事活動を始めたと見れば、あらゆる矛盾は解消するのだ。これを舎人を通じて奏上したところ、暗黙裡に肯定されたことを直感した。以前なら、わたしの問題意識がよほど煮詰まらないと教えてくださらなかった京都皇統代が、この時から、打って変わって懇切に教えてくださるようになった。その理由は、わたしの視界にようやく國體勢力の概容が入ってきたことを察せられたからと考えている。

ともかく、これを機に当時の京都皇統代と、後継の当代京都皇統から伝えられるようになった國體伝承こそ、落合史観を証する最強最大の状況証拠なのである。

「堀川政略」が順調に進むなかで孝明ご一家の堀川御所入りの時機が近づいた慶応二（一八六

六）年、京都御所で秘かに始まったのが、國體資産として堀川御所に移すものと、「奇兵隊ノ天皇」の朝廷に遺しておく皇室資産との分離作業である。これに当たったのが孝明天皇の護持僧の賀陽宮朝彦親王と、孝明の最側近で実質侍従長だった堤哲長である。

例の公家補任の意味を言えば、維新後に國體資産管理人となるため偽装薨去する予定の哲長に報いるため、次男の萬長に新堂上家開設の恩典を与えたのである。次男萬長をあらかじめ甘露寺家の養子にしたのもそのためで、将軍辞任の当日というギリギリの時点で朝廷から松ヶ崎の新姓を賜った萬長が、大政奉還後は原則廃止される新堂上家の開設を認められたのである。

もっとも、これは例によってわたしの洞察に過ぎず直接的に証明する書証や文献はないが、明治政府の正史『明治史要』と会津藩士山川健次郎の編集した『会津戊辰戦史』を突き合わせて洞察することで、間接的にこれを証明する状況証拠が得られるのである。

堤哲長処分の撤回で生じた記録の混乱

史料の突き合わせは誰しも思いつくことで、決して難しくはないが、肝心なのは互いに相異する所以《ゆえん》を洞察することであって、これができないのでは歴史研究はムリである。その史料突《とっ》合《ごう》と洞察の一例が、わたしの堤哲長の正体追究である。

大政奉還に際して次男甘露寺萬長に松ヶ崎の新姓と家禄三〇石三人扶持の新堂上家開設の恩典を賜った堤哲長が、自身も一旦受けた処分が撤回されて重罰を免除されたことを物語る史料が『会津戊辰戦史』である。これを会津藩士が書き遺したのは一見すれば奇跡であるが、よく見れば実に作為的である。しかも、後人に偽史解明の糸口を遺すため、学者として最も恥ずべきコピペ（丸写し）をあえてした山川健次郎の床《ゆか》しさには脱帽のほかはない。

わたしが感服したのは孝明最側近の堤哲長の処遇をめぐり大政復古に際して生じた混乱が、期せずして哲長と堀川御所の極秘関係の痕跡をハッキリと残し、これが偽史解明の糸口となったからである。わたしが、その糸口から堤哲長の偽装薨去を洞察した手順を以下に解説する。このうち一部は拙著『欧州王家となった南朝皇統』と重なる所があるが、さらに追究しえた点も多いので、わたしの洞察方法をお見せするために、重複をいとわず記述することにした。

太政官修史局が編纂した『明治史要』は明治王朝（大室王朝）の正史であるが、その慶応三年十二月九日条に、大政復古で誕生した薩長新政府が親孝明派（公武合体派）の廷臣を処分した一件を記す。

すなわち、親孝明派の公家を処分の種類によって四組に分け、摂政二条斎敬《にじょうなりゆき》ら十四名が罷免・朝参停止、大納言広橋胤保《ひろはしたねやす》ら四名が朝参停止、従三位豊岡随資《とよおかあやすけ》ら三名が謹慎、権中納言議奏加勢中院通富《なかのいんみちとよ》ら五名が罷免とされた一件の記事である。

このときの公家処分を記す民間史料としては渋沢栄一編『徳川慶喜公伝』と、山川健次郎編『会津戊辰戦史』があるが、どちらも各種処分をひとまとめにして「参朝を停《とど》め」または「参朝を停め謹慎を命ず」とし、そのあとに被処分公家の名を並べている。

三書のなかで『徳川慶喜公伝』だけは、罷免組（中院通富ら五名）を掲げていないが、その一人で議奏加勢を罷免された権中納言中院通富は、二カ月後の慶応四年二月二十日に新政府の参与に任じているから罷免とはいっても議奏加勢を免じられただけである。

そもそも、大政奉還を機に政体をいったん律令制に戻すため摂政・関白・伝奏・議奏・征夷大将軍（幕府将軍）・所司代などの律令外の官職を廃したのだから、議奏加勢の罷免はいわば自然現象で、特に処罰と意識されなかったことが、この参与登用から推定される。

その他の四名すなわち治部卿倉橋泰聡《くらはしやすとし》・宮内卿池尻胤房《いけがみたねふさ》・刑部卿錦織久隆《にしごりひさたか》、左京大夫交野時萬《かたのときつむ》の罷免に処罰性があるかどうか未詳であるが、中院通富と同じで処罰というほどでないと見た渋沢が、『徳川慶喜公伝』の編集に際して罷免組を無視したものと思われる。

そこで、この三書の記載を綿密に比較検討することから、わたしの洞察が始まるのである。

被処分公家の名は三書とも同じで基本的には矛盾はないが、『会津戊辰戦史』だけが堤哲長の名を掲げているのが他の二書と矛盾する。ここに注目したわたしは、これを手掛かりとして、

『明治史要』と『徳川慶喜公伝』が記載しない堤哲長を、『会津戊辰戦史』だけが挙げた理由を洞察してみたのである。

山川健次郎は明治期を代表する理科系学者である。その山川が『会津戊辰戦史』の編集に際して、「孫引きを避けるためできるだけ原本に当たった」と語るところを見れば、山川が当たった史料は原本で、そこには堤哲長の名があったことは間違いない。

それなのに、『明治史要』が堤哲長の名を記載しないのは、「大政奉還に際して哲長に下された処分がその後撤回された」ので、明治王朝の正史として撤回された哲長処分をなかったものとして記載しなかったと観るほかない。

とすると、『会津戊辰戦史』を監修した山川が、原本に捉われるあまり、「その撤回を見落とした」のであろうか？

重要史料の食い違いが示唆する堀川御所の存在

わたしの洞察の第二段はここから始まる。

親孝明派公家が大政復古で厳重な処分を受けた理由を、『会津戊辰戦史』は、「まさしく新政を喜ばざる疑いあるが為なりという」としている。これはその通りで、孝明に近かった二十七人の公家が公武合体派で徳川慶喜を強引に政権から排除した薩長新政府に対して反抗心を秘めている疑いが濃厚だからである。他の二書がこれに触れないのは、いうまでもないとの判断からである。

ところで、ここで驚くべきものがある。それは『徳川慶喜公伝』と『会津戊辰戦史』の文面である。

「此に於て廟堂の上、公武合体派の影を留めず、実権は全く岩倉前中将等の手中に帰したり」

「是に於て廟堂の上公武合体派の影を止めず、実権は全く岩倉具視朝臣等の手に帰したり」

右の二文は傍点のところだけ用字が異なるが、その他はまったく同じで、文意は「公武合体派と見られた公家が全員参朝停止ないし謹慎処分を受け、政府の実権は岩倉具視らに握られた」というものである。

前者は大正六(一九一七)年の渋沢栄一著『徳川慶喜公伝』にあり、後者は大正十一(一九二二)年の山川健次郎編著『会津戊辰戦史』にあるから、山川が渋沢の文章を丸きり模倣ないし引用したのは明らかである。何も引用行為を問題にするわけではないが、およそ君子たるものが、この程度の文章を他書から丸まる引用(コピペ)するのは最も恥ずべきことである。まして明治期を代表する理学者で「帝国大学の父」と呼ばれる山川健次郎がこれを行なうとは、まず考えられない。

近年は司馬史観の影響で歴史学者も読まない『徳川慶喜公伝』だが、当時の旧幕臣には読者が多く、ことに『会津戊辰戦史』の編修に携わった旧会津藩士は全員読んでいて当然である。ゆえに、この引用（コピペ）を誰が行なったにせよ、山川はじめ編集員の眼を遁《のが》れるわけがなく、仮に山川が見逃したとしても、誰かが見つけてその訂正を山川に建言したはずである。

つまり、この引用（コピペ）は山川健次郎が承知の上でしたと見るよりないが、それなら学者はもとより文化人として恥ずべきこの行為を、あえてした山川の底意は何か？

そもそも、『明治史要』は明治王朝の正史で、ことに慶応三年十二月九日条は「王政復古の号令」と呼ばれる明治史上最大の重大事であるから、記載の誤りなぞありようもない。

他方、『会津戊辰戦史』の監修者で事実上の編者の山川健次郎は一〇〇〇石取りの会津藩家老山川家の次男であった。明治四（一八七一）年に北海道開拓使枠で岩倉使節団に加えられた健次郎は国費留学を命じられて米国イエール大学を卒業し、帰国して理学博士となった。再度にわたり東京帝国大学総長を務めたほか京都帝大・九州帝大の総長に任じたその経歴は、まさに明治期を代表する教育家である。その編著たる『会津戊辰戦史』が「王政復古の大号令」に表現上多少のアヤを施すことがあっても、内容を変改したり捏造するがごとき浅はかな行為はあり得ない。

ちなみに健次郎と兄の山川浩が合作した『京都守護職始末』は、会津藩の立場から幕末の諸事を述べた史書で、渋沢栄一の『徳川慶喜公伝』にも匹敵するホンモノの史書とされている。その続編たる『会津戊辰戦史』を事実上編集した山川健次郎は、「写本を避けて原典に拠る」との方針を明らかにしているから、採用した史料は「朝廷布告の原本」と視なければならない。つまり、「朝廷布告の原本」に被処分公家として堤哲長の名があったことは間違いない。

これに対して『明治史要』は、編集に当たった修史局が、堤哲長の処分撤回後の「修正原本」を史料採用したと見るべきである。

ようするに、十二月九日の大政復古に際して堤哲長が親孝明派としていったん処罰されたことは事実で、山川が閲覧した「朝廷布告の原本」にはその名があった。しかし『明治史要』は修正後の原本を採用したため、哲長の名を掲げていないのである。

堤哲長と会津藩士山川浩・健次郎兄弟

右から窺えることは、孝明の最側近だった堤哲長に「奇兵隊ノ天皇」の朝廷から下された処分が、「何らかの事情で、早々に撤回された」ことである。

『会津戊辰戦史』が「参朝を停め謹慎を命ず」と一括したため哲長の処罰の程度は不明であるが、何しろ孝明の側近中の側近として哲長が、少なくとも謹慎か蟄居・参朝停止などの厳しい処分を命じられたことは間違いない。それを示す状況証拠は、先述したように議奏加勢を罷免になった中院通富が三カ月後の二月二十日に参与に任じたことで、哲長も同日に参与兼制度局権輔に任じている。哲長の処罰が罷免だけだったのなら、中院通富とまったく同じ扱いであるから、『明治史要』は何も哲長を削除することはないのである。

つまり哲長の処分は右京大夫の罷免だけでなく、謹慎か蟄居・参朝停止が加えられた重いものであったが、その処分がすぐに撤回されたため、以後の史料はこれを反映して哲長の名を消したと見るべきである。明治九（一八七六）年三月公刊の『明治史要』慶応三（一八六七）年十二月九日条は、採用史料として「春嶽手記」「二条斉敬以下各家の家記」「三職局叢書」「指華入京日載」を挙げるが、それらが記す被処分公家の中に堤哲長の名がなかったのである。

早くから慶喜の伝記編纂を企画していた渋沢が、明治四十四（一九一一）年六月に編纂所を開設して本格的に編集を開始した『徳川慶喜公伝』が公刊に至るのは六年後の大正六（一九一七）年である。この編纂に当たった渋沢が、大政復古に際して処分された公家として堤哲長を挙げないのは、参考史料として『岩倉公実記』を重んじたためと思われる。

一方、『会津戊辰戦史』は、大正十一（一九二二）年十月に会津松平邸に集合した旧会津藩有志が、同郷の先輩の男爵山川健次郎を担いで完成を一任したものである。その編集に当たって山川が右の二書を参考にしたのは当然だが、被処分公家として二書に記載がない「右京大夫堤哲長」の名を挙げた事情こそ洞察しなければならない。

通常の編集者なら、「哲長の処分とその撤回」に関する史料を発見しても、正史『明治史要』に合わせるため、あえて無視するのが常識なのに、三流文士でもやらない『徳川慶喜公伝』の丸ごと引用（コピペ）をした不自然は、山川が意図的にしたものと観るほかない。

つまり、大政復古に際して行なわれた親孝明派公家の処分をこのような形で世間に公表した山川の心底は、「哲長処分とその撤回」の史実を、後人に気づいてもらいたいからである。それはなぜか？

そもそも孝明の側近は、①皇族では護持僧で義兄の尹宮《いんのみや》朝彦親王、②武家では会津藩主松平容保《かたもり》、③廷臣では近習の堤哲長であるが、世間が知るのは②だけで①を知る人は少なく、③となると歴史学者さえほとんどその存在を知らないが、孝明が側近の公家と京都守護職の武士を分け隔てしなかったため、京都守護職の配下の山川たちは、孝明の近習だった堤哲長との間に深い交流があったのである。

哲長偽装薨去は國體ファンドの管理者となるため

明治十六（一八八三）年、東京帝国大学工部大学校に『隧道建築編』と『琵琶湖疏水工事編』

を卒業論文として提出した田辺朔郎《さくろう》は、これを見た京都府知事北垣国道《きたがきくにみち》から招かれて京都府出仕となり、琵琶湖疏水工事を任せられた。

この背景は、堀川御所で國體天皇となった孝明先帝が、水不足の京都を潤すため琵琶湖疏水の実現を強く希望しておられたからで、京都府知事北垣国道に秘かに命じて田辺朔郎を呼ばせたのである。北垣知事は東京から京都に戻った山階宮晃《あきら》親王を通じて堀川御所の指示を受けていたと思われる。

そもそも田辺朔郎は小栗忠順配下の國體通訳衆のカシラだった田辺太一の甥で、太一と親しい大鳥圭介がみずから校長になった工部大学校に入れて土木設計を学ばせていたのである。拙著『天孫皇統になりすましたユダヤ十支族』で詳述したように、測量・設計シャーマンの淵源はヴュルム氷期を高山で生き抜いた「修験サエキ」で、メソポタミアに入ってウバイド文化を創り沼沢地の干拓と砂金採取を事業とした。

やがて東西に拡散したウバイド人の一派の神別橘氏が紀伊半島の熊野に渡来してウバイドの東王統（日本皇統）となり、別の一派の「修験サエキ」が東王統に仕える國體奉公衆となった。ヤマト王権で大伴氏・佐伯氏を称して古代豪族となった修験サエキは、幕藩体制では郷士階級として各地に潜んでいたが、幕末に小栗忠順に抜擢されて幕臣になった。

その経緯は拙著『国際ウラ天皇と数理系シャーマン』に詳述したが、それを執筆していた当時のわたしは、「修験サエキ」の観念をまだ会得しておらず、応急的に「数理系シャーマン」の語を用いたが、その後で「波動・幾何系シャーマン」と呼び変えた。その後、ワンワールドの歴史を把握してからは「修験サエキ」に統一している。

会津藩家老山川家では、兄の山川浩が京都守護職松平容保配下の会津藩士として孝明に仕えていたが、維新後は青森県出仕から明治六（一八七三）年に八等出仕として陸軍に入る。だが、旧藩時代の一〇〇〇石（現米三五〇石ほど）から二七〇石への減俸に過ぎないのは、陸海軍の将校が極めて優遇されていたからである。

弟の山川健次郎が維新後東京帝国大学理学部教授になり疏水のアイデアを田辺朔郎に教えた経歴を見れば、山川の家系が測量・設計シャーマンすなわち修験サエキの末裔であることは明らかであろう。

明治六年に陸軍八等出仕として奉職した山川浩は、同年陸軍少佐として熊本鎮台に移り、七年に中佐に進級し、明治十二（一八七九）年には名古屋鎮台参謀長になり十三年五月に陸軍大佐に進級する。その後、明治十五（一八八二）年三月に工兵第四方面提理に就き、十六年二月に陸軍省人事局長に転じる。

國體堀川御所の孝明先帝は、幕末以来厚い信頼を寄せる山川浩に、堤哲長を通じて何かと御下命があった、という。幕末に京都守護職として孝明に忠勤を励んだ会津藩は、維新後に青森県下北郡の斗南《となみ》藩に移されて困窮を極めるが、あれほどの純忠に対して堀川御所が経済支援しないはずはないのである。

会津藩の旧重職の山川兄弟は、孝明先帝の國體資金から支援金を受けるために堤哲長とたびたび遇《あ》っていた。斗南藩（旧会津藩）に対する支援金の出所は、幕末に賀陽宮《かやのみや》朝彦親王と右京大夫堤哲長が堀川御所に移した國體ファンドであることを、わたしは京都皇統舎人から教わった。ようするに堤哲長が明治二（一八六九）年四月に偽装薨去したのは、堀川御所に入って國體ファンドの管理と事務処理に当たるためであった。

慶応三（一八六七）年に賀陽宮朝彦親王と組んで國體資産の分離に勉《つと》めた堤哲長は、維新後に偽装謀反で広島幽閉の処罰を受けた朝彦親王に替わる兄の山階宮晃親王とペアとなり、國體資金を管理運用していたのである。

琵琶湖疎水と蹴上発電所は國體天皇の密命

幕末に丹波山国隊《やまぐにたい》の指揮を執った北垣国道が、高知県令・徳島県令を経て明治十四（一八八一）年一月に京都府知事に任命されたのは、孝明先帝の琵琶湖疏水設置の密旨を受けたものであった。

密旨は堤哲長を通じて山川浩に伝えられ、浩は弟の理学部教授山川健次郎に指示して工部大学校生徒田辺朔郎に疏水を研究させたのである。こうしてみると、名古屋鎮台参謀長山川浩が明治十六（一八八三）年に工兵堤理に移るのも琵琶湖疎水計画と関連がありそうである。

ともかく、明治十六年に工部大学校を卒業した田辺朔郎を、京都府御用掛に採用した北垣は、早速琵琶湖疏水の検討に着手する。疎水は明治二十三（一八九〇）年に完成し、四月に天皇皇后両陛下の出席を仰ぎ竣工式を挙行した。

翌年、北垣の娘シヅと結婚した田辺朔郎は、東京帝国大学工学部教授となり工学博士を授与される。疏水工事の莫大な費用は、國體ファンドから堤哲長を通じて北垣府知事に支給された。

孝明の密旨は京都市電の敷設を指示していたが、これは明治二十五（一八九二）年秋に内定された第四回内国勧業博覧会の明治二十八（一八九五）年の京都開催に合わせた旅客輸送施設として着工され、明治二十八年二月に一部が開通した。当初の運営主体は京都電気鉄道株式会社でのちに京都市電になる。この京都市電に電力を供給したのが、田辺が琵琶湖疏水と併せて創建した日本初の水力発電所の蹴上《けあげ》発電所である。

会津侯松平容保と山川兄弟ら側近は、孝明先帝の生存を知っておればこそ、あの戊辰戦役の八百長の屈辱によく耐えたのである。戊辰戦争で下北半島に亡命して斗南藩となった会津人は、維新後に國體天皇となられた孝明先帝から、堀川ファンドの管理人堤哲長を通じて、手厚い生

『会津戊辰戦史』に秘史を意図して
示唆した山川健次郎

國體ファンドから疎水と発電所の
資金を供された
京都府知事・北垣国道

國體天皇の命で琵琶湖疎水を
設計した田辺朔郎

政体明治天皇による琵琶湖疏水臨幸の図

活支援を受けられたのである。

つまり、会津藩士山川健次郎にとって、堤哲長はただの隠居公家ではなかった。大政奉還で一旦下された処罰を撤回され、新政府の参与として登用されたことは、会津藩にも重大な関係があったのである。

したがって、『会津戊辰戦史』が被処分公家の中に堤哲長の名を掲げたのは、山川ら会津藩旧重職が哲長処分と撤回があった秘史を後世に知らせるため、わざと『会津戊辰戦史』にあの不自然な記載をしたのである。しかも、後人が気づきやすいようにと施したとんでもない細工が、例の『徳川慶喜公伝』のコピペであった。

山川ら会津旧臣が後世に伝えようとした主旨は、おおよそ次のようなものと考えられる。


――『明治史要』も、『徳川慶喜公伝』も見ましたよ。その証拠に『徳川慶喜公伝』を、丸のまま引用しときましたよ。しかし、あの本は二冊とも正確ではないですよ。孝明さまはその後も生きておられ、朝敵とされて苦しむ会津藩士をずっと見守ってくださったんだよ。

孝明さまが生きておられた証拠、哲長の処罰を薩長が撤回したのをみれば分かるだろ。哲長さんも孝明さまにお仕えするため、死んだフリまでして、われわれ会津藩士を救ってくれたんだよ。――

第七章 落合秘史の状況証拠は「國《こく》體《たい》伝承」

堤哲長は右京大夫が右衛門督か？

『会津戊辰戦史』は慶応三（一八六七）年十二月九日の大政復古で公家処分が下された哲長の官名を「右京大夫《うきょうのだいぶ》」とし、『明治史要』も慶応四年二月二十日の哲長の官名を右京大夫とするから、哲長はこの間ずっと右京大夫だったはずである。

ところが、『世界帝王事典』と『旧華族家系大系』は、慶応二年に哲長が右京大夫から右兵衛頭に転じたとする。しかし慶応四年二月二日に岩倉具視が右兵衛督《うひょうのえのかみ》に任じているから、それ以前に哲長は右兵衛督を辞めているはずであるが慶応三年十二月九日の哲長の官名は右京大夫であるから、哲長はいつの間にか右兵衛督を辞めて右京大夫に再任していたことになるのである。

なぜこんなことになるのか、以前から気になっていたわたしが今回、考察してみたところ真相がわかった。以下の通りである。

『明治史要』慶応四年二月二十日条は「堤哲長（右京大夫）ヲ参与兼権輔トナシ」とする。堤哲長は慶応三年十二月九日の王政復古に際して下された厳しい処分を取り消され、三カ月も経たない二月二十日の官制制定で新政府の参与兼制度事務局権輔（二等官）に任官したのである。

この時の哲長の律令官位は正三位右京大夫で、『会津戊辰戦史』も、処分が下されたときの哲長の肩書を右京大夫としているから両書の記載は矛盾しない。

ところが、『世界帝王事典』では、哲長の経歴を下記のように述べる。

一八六一（文久元）年　従三位
一八六四（元治元）年　右京大夫
一八六五（慶応元）年　正三位
一八六六（慶応二）年　右兵衛督

また、『旧華族家系大系』も哲長を右兵衛督としているから、哲長の最終官歴が右兵衛督だったのは間違いないと見てよい。右兵衛頭は定員一名で慶応四年二月二日に岩倉具視が就いているいることはたしかだから、右京大夫から右兵衛頭に転じた堤哲長はこれを岩倉具視に譲って右京大夫に再任し、新政府で高官となった岩倉が右京大夫を辞めたあと、右兵衛督に再任して官歴を終えたことになる。

右を整理すれば堤哲長と岩倉具視の官歴は下記のようになる。

	堤哲長	岩倉具視
安政四（一八五七）年	●正四位下	
万延元（一八五九）年		●正四位下昇叙、右近衛少将元の如し
文久元（一八六一）年	●従三位	
文久二（一八六二）年		●左近衛中将昇叙↓辞任↓蟄居
文久三（一八六三）年	●近習	
元治元（一八六四）年	●右京大夫	
慶応元（一八六五）年	●正三位	
慶応二（一八六六）年	**●右兵衛頭**	
慶応三（一八六七）年	●右京大夫在任	●左近衛中将に復帰して新政府参与↓議定
慶応四（一八六八）年 二月二日		●従三位右兵衛督に昇叙・新政府副総裁・兼会計事務総督・海陸軍事務総督
二月二十日	●右京大夫在任	●会計事務総督・海陸軍事務総督辞職
明治二（一八六九）年 三月	●右兵衛頭	

閏四月　●近習

右のように幾つかの年譜を併せてみれば、哲長の官職は右京大夫と右兵衛督を往来していて異常だが、結論からいえば、『世界帝王事典』の記載に「一八六六、右兵衛頭」とある（点線で囲んだ部分）のが誤りで、正しくは「一八六八、右兵衛頭」なのである。

つまり哲長は、元治元（一八六四）年以来明治二（一八六八）年までずっと正三位右京大夫で、明治二年三月に従三位岩倉具視のあとの右兵衛頭に転じたのである。

■新政府ナンバー2の岩倉具視と実質対等だった堤哲長

そもそも岩倉家は家禄一五〇石（実米五二・五石）の羽林《うりん》の新家であるから、家格としては蔵米三〇石三人扶持（実米三五・四石）の名家新家の堤家に劣るものではない。

一八二五年生まれの具視は一八三八年に従五位下に叙され、元服したのち一八四一年に従五位上に昇叙するが、一八二八年生まれで岩倉より三歳年下の哲長は、一八三三年に早くも従五位下に叙され、一八四一年に岩倉と並んで従五位上に昇叙している。

その後、「四奸両嬪《しかんりょうひん》」の一人として蟄居処分に付され左近衛中将を辞した岩倉は、慶応三年十二月九日の王政復古で左近衛中将に復帰して新政府の参与となり、直ちに議定に昇るが、翌明治四年二月二日に従三位に昇叙して右衛門督に就いた時点では、正三位右京大夫の堤哲長よりも律令官位では下位である。

一方、親孝明派として一旦は厳罰を受けた堤哲長は処分を取り消され、逆に新政府の参与兼権輔となり岩倉の後任の右衛門督となるが、新政府でナンバー2の副総裁に就き正二位に上った岩倉に表面上で大差をつけられるのは、何といっても時勢である。

もっとも、ともに孝明天皇の側近だった近習哲長と侍従岩倉具視の相対的地位は、維新前には哲長の方がやや優勢だったが、維新後に同等になったと言っても差し支えない。政体の薩長政府に入ってナンバー2となった岩倉具視と、堀川の國體御所に入って孝明先帝の侍従長となった堤哲長の相対的地位は、見方によってどちらが上とは言えないからである。

さて、慶応三年十二月九日に堤哲長に下された処分が何だったにせよ、この処分が十一月二十四日の松ヶ崎萬長《つむなが》の堂上家創立に関する孝明遺詔と密接に関連する可能性は高い。

しかしながら「堤哲長の次男萬長を堂上に班するよう」に命じた孝明の遺詔じたい、慶応二年末に天然痘で急逝した（とされる）御最期の病状に照らすとすこぶる奇異である。

そこで、この優渥《ゆうあく》な遺詔の真の理由が理解できない一部史家が、「萬長は孝明の隠し子であった」などと唱えているのは下品な憶測を逞《たくま》しくしているのである。結局、十一月二十四日の①

甘露寺萬長への新堂上家開設の沙汰と、十二月九日の②堤哲長への処分は連動しており、②を前提にしてその補償のために①を与えたのである。

ところが、何らかの事情で②が撤回されたのにもかかわらず、萬長の新堂上家開設が実行されたので、とりあえず哲長が儲かったことになるが、哲長の維新後の地位がこれを裏付けているのである。

哲長に偽装薨去を命じた孝明天皇の遺詔

魔王（朝彦親王）と哲長による國體資産の移転作業は順調に進み、七月に中山忠能が「寄兵隊ノ天皇が来正月上下旬に元服と決まった」と、中山忠能が「中山忠能日記」に記したのは、「國體資産の移転完了の目途がついた」と魔王から伝えられたからである。大政奉還の時機を窺っていた慶喜は、これを待つ間に土佐藩父山内容堂に「新政体書」を立案させて時間を稼いでいた。

慶応三年十月に入り皇室と國體の資産振り分けと移転の完了を魔王から伝えられた慶喜は、時機至れりとして、早速十月十四日に大政奉還を上表し、十一月二十四日に征夷大将軍辞職を上奏した。これを受けた朝廷では中山ら三卿がいよいよ王政復古に取り掛かる。

前著『京都ウラ天皇と薩長新政府の暗闘』が、「奇兵隊ノ天皇」の元服日程を正月と治定した人物を邦家親王代行の魔王朝彦親王と推定したが、今回それを確定した根拠は、大政奉還↓王政復古↓天皇元服↓即位と進行する「堀川政略」の維新工程および明治工程の進行は、皇室資産の振り分け作業の進展に掛かっており、それを魔王朝彦親王が握っていたからである。

孝明遺詔による既定事項として、哲長の次男萬長に新しく堂上家を興させる案を定めた三卿は、皇室資産の移転が完了するまでその発表を押さえていたが、十一月二十四日に慶喜が将軍辞職を上表したことで、王政復古が眼前に迫り、遺詔の発表を急いだのである。

この遺詔の真意は、孝明先帝から堤哲長に「そなたの子息萬長に堤と同じ家禄で新家を興させるから、堤の家督は甘露寺に返して、そなたは堀川御所で朕《ちん》を支えてたもれ」とのおことばであるが、これが近々哲長の偽装薨去を意味することに気がついた廷臣は、哲長本人と三卿以外にいなかったと思われる。

偽装薨去して堀川ファンドの管理人となる哲長の予定に合わせ、甘露寺の功長《いさなが》が哲長の養子となって堤家を継ぎ、安政三（一八五六）年生まれの哲長の長男雅長をその養子にした。また、哲長の次男萬長に新堂上松ヶ崎家を創立させたのは、哲長に対する埋め合わせの意味である。

ついに偽装薨去した堤哲長

堤哲長がせっかく就任した新政府高官の地位を棄てたのは、國體天皇となった孝明先帝に仕えて國體《ウラ》ファンドの管理に専心するためで、そのためには先帝に倣《なら》って薨去を装い、この世から姿を消すしか方法がなかったのである。

しかし偽装崩御はもとより、偽装薨去も堤哲長ほどの地位になれば容易にできない。これを容易ならしめたのは幕末三卿すなわち中山忠能・正親町三条実愛・中御門経之の権力である。討幕の偽勅まで平然と出すくらい朝廷権力を独占していた三卿にとって、堤萬長に新たに堂上家を興させる宣旨を孝明遺詔の形で出すくらいのことはいつでも出来た。

しかしこの遺詔は、堀川ファンドの管理人となる哲長に偽装死を促す意味があったから、その時期を睨んで松ヶ崎家新設の遺詔を握っていた三卿は、慶喜が大政奉還を奏上したのを見て直ちに遺詔を出したのである。

家格が「名家」であっても家禄三〇石三人扶持の堤家は堂上の最下級で、しかも孝明側近で公武合体派とみられた哲長は、決して維新功労者ではなく、むしろ王政復古で懲罰を受ける側である。

その哲長を新政府に登用して参与兼制度局権輔の要職に就けた人事の異常さは際立つが、その一カ月前に晃親王と岩倉具視により行なわれた陸奥宗光の外国官登用と同じことで、孝明先帝の命を受けた三卿が岩倉に命じた異例人事と解するしかない。

國體天皇の存在を露ほども知らない学校史家には訳が判らないのが当然で、古来この件を論じた史家は一人もいないのである。

新政府の高官に三カ月在任した堤哲長は、慶応四（一八六八）年閏四月二十一日の制度改正を機に近習に転じ、一年後の明治二（一八六九）年四月四日に急死する。むろん本当に死ぬわけはなく、堀川御所の孝明先帝に仕えるため、薨去を偽装して姿を消したのである。

■――その後の堤哲長と晃親王・朝彦親王

偽装薨去後の哲長は秘かに堀川御所に伺って國體ファンドの管理人として活動した。前述した会津藩に対する秘密支援や、琵琶湖疏水と蹴上発電所の敷設費用の出損《しゅつえん》はその例である。

もっとも哲長は、「ウラ侍従」として堀川御所に常駐していたのではなく、國體《ウラ》天皇孝明先帝と魔王こと賀陽宮朝彦親王の特命を帯びた高級工作員として外界で活動していたらしい。

哲長の孫の吉薗周蔵は「周蔵手記」に、維新の前後に「哲長が婆さん（ギンヅル）と医者の真似事をしながら世を渡った」と何度も書いているのは、哲長の薨去を公表通りの明治二年と信じていたからである。

実際には維新前の哲長にそんな暇があるはずはなく、日向の小林でギンヅルと医者の真似事をしていたのは偽装薨去した明治二年四月以後のことと見るしかない。それも数年経ったころのことで、何らかの事情で京都を避けていたものと思われる。

この間、堀川御所の意向を哲長に伝えていたのが山階宮晃親王だったのは、魔王朝彦親王が慶応四（一八六八）年八月十六日に謀反容疑で拘束され、宮号も官位も剥奪されたからである。庶人に身分を落とされた魔王は、伏見朝彦として安芸藩預けにされるが、これが堀川御所入りを隠すアリバイであったことはいうまでもない。護送の途中で広島から引き返した魔王は堀川御所に入り、孝明先帝を援《たす》けて秘かに国事に当たったたと聞く。

表向き謀反人になった魔王が洛中それも御所近くを徘徊すれば、当時はまだ京都に残っていた公家衆の目に付くおそれから姿を潜めたが、その魔王に代わって、堀川御所と朝廷の連絡に当たったのは山階宮晃親王であった。

國體天皇禅楽の「飛車角」だった魔王と晃親王は、維新後には堀川御所で國體天皇となった孝明先帝の「飛車角」となるが、ここで忘れてならないのは堤哲長の功績である。堀川ファンドの管理人として國體天皇の「金将」となった哲長は、「角先の金」の将棋格言の通り、晃親王を援けて國體に奉じたのである。

■──「哲長が町医者になった」という吉薗家伝

京都・泉湧寺《せんにゅうじ》に伝わる孝明天皇像は世に知られるが、その作者は正三位右京大夫堤哲長（一八二八〜一八六九偽装死）と伝わる。

堤家の当主の従五位言長《ことなが》が文政十（一八二八）年十一月九日に十六歳で男子がないまま逝去した。その父で先代の維長は存命していたが再相続せず、四十日後に生まれた弟の哲長が堤家の家督を継ぐ。つまり哲長は生まれたときから堤家の当主で、寛政五（一七九二）年生まれの祖父維長が隠居として堤家を切り盛りしていたのである。哲長が十代のとき、上御霊前《かみごりょうまえ》に住む町医師渡辺家の娘ウメノが堤家に女中奉公に上がり、かなり年下の哲長の最初の女性となり、家伝の薬事書を持ち出して哲長に筆写せしめ、医術を手解《てほど》きしたという。

「そのお陰で医薬を覚えた哲長は、副業の町医師をしながら幕末の貧乏暮らしを凌いだ」と、既刊拙著の幾つかで述べてきた。右の文の前半は正しいが、後半は誤りであることが、その後判ったので本稿より説を改めるが、その前に過去の誤りの理由を説明せねばならない。

過去の誤りの原因はひとえに「周蔵手記」が一度ならず、「哲長が町医師をしながら幕末の貧乏暮らしを凌いだ」と述べるからである。しかし真相はおそらく、「哲長は偽装薨去後の潜伏生活を町医師を表看板にして過ごした」のである。

だとすれば、次に追究すべきは、「なぜ周蔵手記がそのように記載したか」である。わたしの結論は、父林次郎や周囲が哲長とギンヅルのことを話していたのを耳にした少年周蔵が、それを信じたものと思う。あれだけ聡明な周蔵も、ギンヅルが苦手のためにあえて家伝を確かめず、誤りのままを「周蔵手記」に書きつけたのではなかろうか。

家伝の場合にこのような「灯台下暗し」がよくある。幼少から家伝に深い興味を抱いたわたしは、家伝について祖父井口米太郎からまったく聴いたことはなく、父も祖父からあまり聞いていないようであった。祖父の実像を、祖母（竹本氏コウ）はじめその他の親族も誰一人知らなかったので、家伝はどの家でもタブーなのかと思っていたほどである。

ところが驚いたことに、吉薗明子が米太郎の若いころのニューカレドニア行を言い出した。「船上で習ったフランスの上達が速い」とか、「大正十年に生まれた次男を、堺利彦に因んで『利彦』と名付ける許可を求めた」というのである。これは「周蔵手記」と関係はないから、大徳寺に在った「國體人事記録」に粉河井口家のことが記されていると推察したが、ともかく、これでわが祖父が國體奉公衆であったことが確信できた。このように、家伝は他人から聞いて初めて知り得るものらしい。

それはさて、やがて哲長の種と称する一女を生んだのを機に堤家を去ったウメノの後に、哲長の妾となったのが薩摩邸の老女ギンヅルであった。哲長がウメノに教わった薬事と医術をギンヅルに教えたところ思いがけぬ才能があったと、吉薗家伝はいう。

ところが、ギンヅルの生家の日向岩切家は以前から海外と密貿易をしており、国分（葉たばこ）栽培の裏作として外国の薬種を栽培しそれを用いた製剤も行なっていたから、ギンヅルには生来薬学の素養があり、おまけに商才もなかなかのものだったらしい。

事実、ギンヅルは日向都城藩と組んで秘薬「浅山丸」を製造販売しており、戊辰戦争で大儲けしたそうであるから、これにウメノから医薬の知識を得た哲長が関与した可能性は十分にある。

堤哲長と大本教の開教グループ

哲長の種を孕《はら》んだと称して堤家に暇乞《いとまご》いしたウメノは、一女を産んだあと、母の実家丹波穴太《あのう》村のアヤタチ上田家の当主で、いとこにあたる上田吉松と愛人関係になる。「周蔵手記」には丹波綾部の出口ナヲも上田吉松の愛人とあるから、俗にいう三角関係である。

この三人が組んで明治二十五（一八九二）年に開教した大本教（皇道大本）が大正時代に大発展するのは、堀川御所の三代目堀川辰吉郎の護衛役になったことが原因と思われるが、そのこ

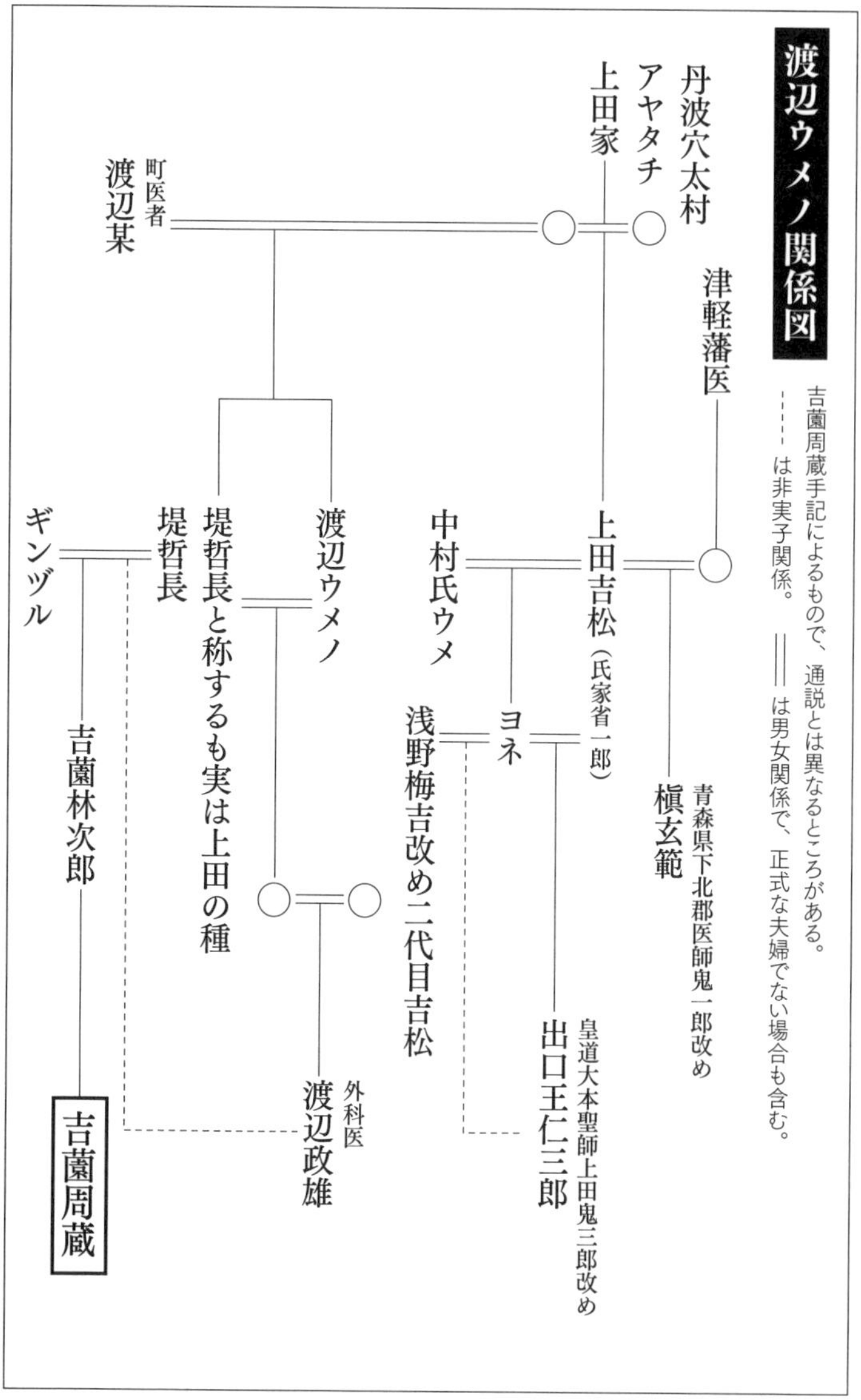
渡辺ウメノ関係図
吉薗周蔵手記によるもので、通説とは異なるところがある。
---- は非実子関係。
＝ は男女関係で、正式な夫婦でない場合も含む。
丹波穴太村
アヤタチ
上田家
津軽藩医
町医者
渡辺某
上田吉松（氏家省一郎）
青森県下北郡医師鬼一郎改め
槇玄範
中村氏ウメ
ヨネ
皇道大本聖師上田鬼三郎改め
出口王仁三郎
浅野梅吉改め二代目吉松
渡辺ウメノ
堤哲長と称するも実は上田の種
外科医
渡辺政雄
堤哲長
ギンヅル
吉薗林次郎
吉薗周蔵

とに、ウメノ→ギンヅル・哲長→堀川御所と繋がる國體関係が一役買っている可能性が高い。

いずれにせよ、ギンヅルと哲長のカップルが、貴重薬の製造をしていたのに幕末維新を貧乏暮らしで過ごしたとは信じがたく、「貧乏公家」に対する周蔵の思い込みではあるまいかと思う。

ギンヅルの製造薬のうち、浅山丸と並ぶ双璧は「ケシ丸薬」であった。「周蔵手記」別紙記載の戦後版「敗戦カラノ記」は次のように説明する。

婆さんは　哲長から　特別だという薬の種を貰って　早くから　小林にて植えていた。それは　畑のあぜや　川べりに蒔いて　薬をとっていた。(中略)何のことはない　一粒金丹と同じである。一粒金丹の場合　そこに　しょうが汁などを加える。　三居は　黒砂糖などを加えた。

ギンヅルが丸薬に使用したケシは、哲長からもらった特殊な種子から増やしたものである。この種を哲長に与えたのは哲長に医術を教えた渡辺ウメノで、ウメノは母の実家の丹波穴太村のアヤタチ上田家から持ち出したのである。

「周蔵手記・別紙記載」の「(大正六年)九月トナルト条」によれば、大正三(一九一四)年にギンヅルに命じられて丹波綾部の大本教(皇道大本)の教主の家にウメノを訪ねた周蔵が、「延命の黒罌粟《くろケシ》」の種子と栽培書など資料を貰ってきたことを記している。

――この時もらった　あの種は　津軽より小粒にて　黒種もあったが　あれは　この家の貴重品であったらしい。乗りうつりの行事には、欠かせない薬とのことにて　ケシ粉を　うまく利用したのであろう。――

「乗りうつり」とは上田吉松が各地で行なっていた「憑依霊媒行事」のことで、これに用いた特殊のケシがアヤタチ上田家の貴重品であった。ギンヅルは周蔵に、そのケシと資料をウメノから貰ってくるよう周蔵に命じたのである。むろん、陸軍首脳となった上原勇作が周蔵に作らせる陸軍ケシの品揃えが目的である。

二十一歳になった周蔵の肝試しが口実であったが、周蔵を初めて見たウメノが、「ほんに哲長さんにそっくりじゃ」と言ってすんなり渡してくれたところを見ると、ギンヅルの狙いはその辺りにあったのであろう。

資料は「自白利用の手引書」で、これをみた上原閣下が、「これは良いもんを入手しもした」と驚いたが、周蔵もその中から「延命用として　ケシの極意の箇所だけは写しとった」のである。

『津軽史事典』によれば、「一粒金丹」は寛政十一（一七九九）年に津軽藩から発売が許可された売薬で、アヘンを主とし、龍脳《りゅうのう》・辰砂《しんしゃ》・金箔にオットセイの陰茎などを調合した薬とある。浅田宗伯が著わした『方函口訣《ほうかんくけつ》』では、これに牛黄《ごおう》をも加える。元祖の明国では阿片膏《アヘンこう》を糯米《うるちまい》と合わせて丸めた丸薬であった「一粒金丹」が、戦国時代にケシと一緒に津軽に渡ってきて、工夫を加えられて高級薬になったのである。

幕末から浅山丸と一粒金丹を製造販売していたギンヅルは、その利益をもって堤哲長を経済的に支援していたのである。ギンヅル製の薬の商標は未詳だが、成分は津軽の百姓らが作っていた「一粒金丹」とほとんど変わらないから、本稿ではギンヅル製の薬も「一粒金丹」と呼ぶことにする。

明治初年に上田吉松（別名・氏家省一郎）とその子槇玄範が一粒金丹を用いて斗南藩士の窮状を救ったことが知られるが、右の経緯からして上田家の一粒金丹がギンヅルの一粒金丹のルーツとみるべきである。

葬儀費用と引き換えに家督を要求したギンヅル

堤哲長が明治二（一八六九）年四月四日に薨去したのは偽装であるが、葬儀は正三位にふさわしい格式で行なわねばならない。

「周蔵手記」によれば、「ギンヅルが哲長の葬儀費用を負担する代わりに林次郎の認知を要求した」と解しうる記載があるが、これは明治二年の偽装薨去の葬儀のこととみられる。

葬儀費用に悩む哲長未亡人清容院と当主功長（弘化二＝一八四五年生まれの二十六歳）に費用の支援を申し出たギンヅルは、その代わりに林次郎を功長の跡目にすることを要求したのである。

ギンヅルの周蔵宛て書簡に、林次郎が堤家と甘露寺家が代々の通字の「長」を許されて「次長」と名乗ったとあるから、葬儀費用に窮した清容院と功長がギンヅルの要求を呑み、林次郎に次長の名を与えて功長の養子とすることにしたが、功長の実家甘露寺から横槍が入り、しかしギンヅルは引かないので紛議が長引いたものと推察される。

これからすれば、結局は、家督要求を本家甘露寺に阻まれたギンヅルは、その替わりに堤家の菩提寺真正極楽寺真如堂の塔頭松林院に哲長と自分の夫婦墓を建てることを認められたことで決着したのである。

周蔵がウメノと接触した大正初年には、ウメノとギンヅルと清容院がきわめて仲が良い、としているから、家督相続の際のわだかまりはとっくに消えていたのである。

堤家が松林院に遺していった夫婦墓

林次郎からそのことを聞かされていた周蔵は、後年それを確かめるために真正極楽寺真如堂の松林院墓地を訪れたところ、将棋の駒の形をした石に「命婦〇〇氏の墓」と刻まれた生前墓を確認したが、呆れたあまり碑面の〇〇の文字を確認することを忘れたため、ギンヅルが俗姓を何と名乗っていたのか、ついに分からなくなってしまった（「周蔵手記」本紀）。

わたしも平成八年ころ真如堂の松林院を訪れたが、将棋の駒の形の墓が幾つかあり、中には倒れたままの墓石もあった。「正三位何某の墓」とか「命婦何某氏の墓」とか刻まれたものをたしかに見たが、哲長やギンヅルに該当するものは発見できなかった。

「周蔵手記」には、そののちに周蔵が松林院を参拝したとき、堤家の墓は東京に移していたが哲長とギンヅルの夫婦墓だけはそのまま残してあった。堤家はギンヅルとの約束を守ったのである。これをみて周蔵は、堤家の温かい心に感じいったことが吉薗家に伝わっている。

哲長の三人の妻妾すなわち正妻山本清容院と先妾渡辺ウメノおよび後妾ギンヅルの間には陰湿な諍《いさか》いはまったくなく、互いに連絡を取りあい、事あるたびに助け合っていた。

ウメノは文政十（一八二八）年生まれの哲長より七、八歳の年上と見られるが、大正六（一九一七）年に周蔵が会った時には「老いさらばえていた」とある。当時九十七歳くらいだから無理はないが、没年は分からない。

天保五（一八三四）年生まれで哲長より六歳下の清容院は大正十五（一九二六）年に九十二歳の天寿を全うした。昭和六（一九三一）年に他界したギンヅルは、前述した天保七（一八三六）年出生説では享年九十五になるが、周蔵の説ではギンヅルは生年をごまかしていて、実際は百歳に近かったという。

ともかく三人揃って九十歳を超えたのは延命の黒罌粟《くろケシ》のおかげであろう。

既刊の拙著で、「幕末の一時期、ギンヅルは哲長を誘って故郷小林に赴き、長く逗留して二人で山村医療に携わった」としたのも誤りのようである。哲長が日向に赴いたのは、おそらく偽装薨去のほとぼりを冷ますためで、遠来の貴人に対する村民の好奇心を紛らわすために町医者に成りすましたものと思われる。

哲長とギンヅルの間には二人の子が生まれた。一人が慶応元（一八六五）年生まれの林次郎で、もう一人についてはギンヅルが近隣の細野村の旧家堤家に入れようと画策するも失敗に終わったと聞くが、その後の消息は不明である。

哲長を継いだのは甘露寺から入った養子の功長であるが、その養子とした哲長の長男雅長は家督を継がず、明治十一（一九三六）年に分家したので、結局のところ堤家は実質的に甘露寺に乗っ取られた形であるが、哲長の子孫は増えて数家の華族になる。

次男萬長が分家して松ヶ崎家を起こした経緯は前述の通りであるが、三男慈明《これあき》は津和野藩主亀井慈監《これみ》の養子となって亀井伯爵となり、四男国敏《くにとし》は住吉大社社家の津守氏《つもりうじ》の養子に入った（のち離縁）のは公家の倣《なら》いとはいえ養子先に恵まれているように思える。

渡辺ウメノと孫の政雄にまつわる数多の秘話

渡辺ウメノが生んだ哲長の種と称する女子を通じて、ウメノの孫の渡辺政雄が生まれた。大正六（一九一七）年ごろに盛岡医専を出た政雄は、周蔵と同年輩である。

ウメノが手塩にかけて育てた政雄を医専に入れた目的は、上田吉松と出口ナヲらが始めた皇道大本（いわゆる大本教）の仕事に携わらせることであった。しかし政雄の方は、外科医の資格が大本教に利用されることを警戒し、哲長の孫同士で従兄弟にあたる周蔵を頼り、大正六年に東京に移ってきたのである。

周蔵が作った府下豊多摩郡中野村上高田九六番地（現・中野区上高田）の救命院に棲んだ政雄は、周蔵に頼まれてケシ栽培の研究を行なった。政雄が京都で下宿していた家に住んでいた留学生が呉達閣《ごたつかく》（一八九四～一九八八）で、その居候の周恩来（一八九八～一九七六）と友人の王希《おうき》天《てん》（一八九六〜一九二三）は天津南開《なんかい》中学の同級生である。

呉達閣はやがて東北軍閥の首領張学良《ちょうがくりょう》の秘書長となり、周恩来は中国共産党の領袖となり、相携えて西安事変の当事者となるが、王希天も関東大震災下で中国からの出稼ぎ労働者が斬殺される大島町事件を追及して逆井橋《さかいばし》上（東京都江戸川区）で垣内八洲夫中尉に斬殺される譚を、仁木ふみ子と田原洋が書物にしている。

両人の著書がともに事件の本質を得ていないのは、王希天の斬殺が、実は偽装死であることに気づかないからである。この南開中学三羽烏のことは張学良を含めて、本稿では論ずるための紙数がなく、次巻に回さざるを得ない。

さて、「周蔵手記」の別紙記載によれば、上京した政雄は、祖母ウメノの実家の丹波国桑田郡曽我部郷穴太《あのう》村の上田家のアヤタチ伝承を周蔵に詳しく教え、周蔵はこれを信じ込むに至る。実は、その上田アヤタチ伝承には、古代日本列島に漂着したイスラエル十支族（俗にいうユダヤ十支族）の歴史謀略が潜んでいたのであるが、それに気づかなかった周蔵が「周蔵手記」の「別紙記載」に記したので、周蔵を信じたわたしもこれを信じ、丹後アマベ氏の本質を見誤ってしまったのである。

その誤りが一部を構成するのが拙著『金融ワンワールド』で、「落合秘史シリーズ」の何巻もこれを継承して内容の一部とした。

ようするにわたしは、ユダヤ十支族の一件をつねに胸底に抱きながら、「落合秘史シリーズ」の執筆を進めていたのであるが、弘法大師の探究から豊後国海部郡佐伯氏に至り、ついに真相に到達した。

下記は、吉薗明子から聞いた上田伝承に、わたしの解釈を加えたものである。

――ウメノが哲長に教えた特殊ケシの種子は、江戸時代にオランダから入ってきて穴太村上田家に伝わったものらしい。穴太村は、古代に朝鮮半島の南端迦羅《カラ》地方（慶尚南道）の安羅《アナ》から渡来してきた石工穴太《アナウ》衆の旧址である。

穴太村を本拠とする上田家の家伝では、上田の本姓は海部《あまべ》で丹後一宮の籠《この》神社の社家から出た旧家である。海部・上田家は、古代に渡来したイスラエル族の子孫でアヤタチと呼ばれた特殊の家系という。

古くからオランダ取引をしてきた上田家には早くからオランダ人の血が入り、吉松の五代前の先祖で画名の円山応挙で知られる上田主水もオランダ血統であった。幕末の当主上田吉松は、「言霊《ことだま》呼び」という御祓い（憑依霊媒術）をしながら全国を巡ってケシ薬を売り、裏では朝廷の諜者として働いていた、という。――

右の文には、海部・上田家の本姓を「海部氏」というところに大きなトリックがあった。この歴史偽造をわたしが解明した経緯は、最近刊の拙著『天孫皇統になりすましたユダヤ十支族』に詳しく述べたので、是非ご一覧いただきたいと願う。

神効「浅山丸」の主原料は人胆

ギンヅルが製造していた薬は「苦味チンキ」のほか何種類もあるが、中でも特筆すべきものは「浅山丸」(朝山丸)である。

これはもともと日向の岩切家が製造していた薬で、ギンヅルから上原勇作を経由して都城四万石の島津分家に届けられ、同家の大事な薬となっていたと「周蔵手記」の「敗戦カラノ記」にある。

氏家幹仁著『大江戸死体考』によれば、江戸小伝馬町大牢の刀剣試し役山田浅右衛門が製造・販売していた人体生薬「山浅丸」は引く手あまたで、ために浅右衛門は浪人ながらきわめて裕福であり、しばしば幕府に献金している。貴重薬のこととて全国的に模造が行なわれたが、本物にあやかって「浅山丸」と称した地方も一カ所ではなかった。

薩摩においても浅山丸を製造していたことは、男爵尾崎三良《さぶろう》が記している。三条実美の従者から立身して維新功臣の中でも特異な地歩を占める尾崎三良が、国会開設に先立ち民情を視察するために、九州各県の巡回を命ぜられたのは明治十八（一八八五）年の春であった。四月七日に鹿児島に着いた尾崎は、早速そこでの見聞を下記のように記している。

「旧藩時代の死刑場、宇宿村と云ふ鹿児島より凡そ一里半の山間に在り。旧藩時代に死刑者あるときは、藩士各々其所持の刀剣の切れ味を試さん為めに争って之を切る。中には其胆を掴み出し、浅山丸を製し、之を或る病気の特効薬として用ゐるの習慣あり」（『尾崎三良自叙略伝』）

刑死人の内臓を取る目的を尾崎は「刀剣の切れ味試し」と記すが、実はニセ（若衆）たちの度胸試しだったらしい。これは「冷《ひ》え物取《もんと》い」という薩摩独特の習慣で、刑場の矢来《やらい》の外に待機していた薩摩健児たちは、死罪が行なわれるや矢来を破って乱入し、我先に死体に取りつかんものと競う。

一番乗りの勇者に対しては「ひえもん」すなわち胆嚢《たんのう》が与えられ、二番にはアキレス腱の周囲の脂肪が与えられる。この時、刃物を用いることは許されず、自らの歯をもって死体から食い取らねばならないゆえ、脂肪はそのまま吸い込むしか方法がないが、胆嚢は自ら食しても善し、製薬原料として換金するも可とのことである。

ちなみに、坂本龍馬は後藤象二郎を通じて岩倉具視に政体案を上程したことで先見の明を囃《はや》されているが、龍馬がそれを尾崎三良から教わった事実を知る人があまりにも少ないのは、例の〝司馬史観〟が史実を歪《ゆが》めた結果である。その経緯が『尾崎三良自叙略伝』に明記されていることを、拙著『京都ウラ天皇と薩長新政府の暗闘』で強調したが、それとともに、尾崎の素性が仁和寺宮の隠し子で有栖川熾仁《たるひと》親王の孫にあたる秘史も詳述した。

ついでにいうと、これは「伏見の船宿で有栖川宮が上田某の娘に産ませたのが新宗教を興して……」とかいう貴種流離譚の類いではない。

さて、人胆を主原料とする浅山丸は何病に効いたのか。尾崎は「或る病気の特効薬」としか述べていないが、当時は死病だった労咳《ろうがい》（結核）の妙薬とされたようである。ちなみに、「周蔵手記」に含まれる「敗戦カラノ記」には、その薬効を具体的に記した箇所があるので、以下に示す。

大正二年、前陸軍大臣上原勇作中将は第三師団長に補せられるが、名古屋赴任の途中で発病し、大阪赤十字病院に入院する。故郷の小林村にいた周蔵に、ギンヅルは二種類の薬を託し、上原に服用させるため大阪まで届けに行かせた。薬の一つはケシ丸薬で、もう一つは浅山丸であった。病院で薬の到着を待っていたのが元陸相高島鞆之助で、周蔵を見るや「薬ば先に渡してたもんせ」と催促する。周蔵がケシ丸

――薬よりも浅山丸の方を多量に持ってきたことを告げると、「さすがオギンさん」と感心した。（「敗戦カラノ記」要約）――

上原の病気を京都帝大の中西教授は見立てもできず、明治天皇が派遣した侍医青山胤通《たねみち》の診察によってようやく肺壊疽《はいえそ》と病名が定まったものの、治療が覚束《おぼつか》ない。それを浅山丸とケシ薬が完全に治してしまったのである。

浅山丸の神効を活写した『元帥上原勇作伝』

注目すべきは、周蔵が大阪赤十字病院に浅山丸を届けたときの光景を、『元帥上原勇作伝』が下記のように詳しく述べていることである。ここに編者荒木貞夫の意図がうかがえる。

又た高島鞆之助は、東京より西下して病院に至り、元帥を見舞ふたが、玉木看護婦に対し「浅山丸を呑んでいるか」と問ひ、玉木が「一日十五粒である」と答ふるや、高島が「それでは足らぬ。一回に三十粒やれ」と命じたので、玉木は、その通り一回三十粒を与えた。（以下略）

（『元帥上原勇作伝・上』）

薬の名を「浅山丸」と明記しており、内容も「周蔵手記」と合致している。周蔵が届けた大量の浅山丸を見て気が大きくなった高島が、玉木常磐に命じて投薬量を倍増させたところ、上原の目に星が出たので慌てたというこの条は、「周蔵手記」の記載の信憑性に関する有力な証左である。

人体生薬の神効は古来漢方が秘伝とするところで西洋医学の理解の及ぶところではなかった。しかし、最近ようやく臍帯血《さいたいけつ》や胎盤エキスなどの効能が知られてきたので、今後の医学がこの方向に発展していくことを願う。

鯉の生き肝、鮑の胆を薬喰いする人は今も少なくないが、ことほどさようで、あらゆる動物の胆嚢は肝臓病に効き、ことにヒトの胆嚢は効き目が著しいという。結核患者が少なくなった今日、肝臓病患者が増えていることからして、浅山丸の潜在需要は大きいものと思う。

友人の東隆明は公爵近衛文麿の孫にあたるが、「鹿児島の実業家から浅山丸という薬をもらったことがある」と言っていた。また伯爵樺山資紀の曾孫の樺山紀次からも「朝山丸」の瓶を見せてもらった。察するに、鹿児島・宮崎あたりでは今もその製造が行なわれているらしいが、古法通りに作られているかどうか、わたしには確かめる術《すべ》もない。

今から二十年前に『ニューリーダー』の連載を始めた当初は、「周蔵手記」のことを「どうせ愉快犯の作品だろう」と謗《そし》っていた無知の輩がいたが、今日ではさすがに姿を消した。実際にはこの例のように、「周蔵手記」は深く調べれば調べるほど、別な角度から新しい証拠が出てくるのである。

ギンヅルと交流した薩摩健児たち

慶応三（一八六七）年の末、戊辰戦争の戦火が近づくと、ギンヅルは、古巣の薩摩屋敷や島津藩の屯所に浅山丸と一粒金丹を売り込んだ。万能に近いその薬効を知っていた薩摩健児たちは、薬欲しさにギンヅルに低頭する立場になった。当時、ギンヅルと親交を結んだ人物を以下に掲げる。

野津鎮雄（陸軍中将）
野津道貫（元帥・侯爵）
高島鞆之助（陸軍中将・陸軍大臣・子爵）
大山巌（元帥・陸軍大臣・侯爵）
川上操六（陸軍大将・子爵）

西郷従道（参議・陸軍中将・海軍大将・各大臣・侯爵）
山本権兵衛（海軍大将・首相・伯爵）

七歳年下の高島鞆之助、十二歳年下で二十歳の川上操六、十六歳の少年兵山本権兵衛らに眼を付けたギンヅルは、その後も浅山丸を贈るなどして、交際を続けた。

年齢を二つ水増しして出征した少年兵山本権兵衛はギンヅルを姉のように慕ったが、後に海軍のオーナーと言われる立場になり、総理大臣にも二度なった。川上操六のごときはギンヅルと親密な仲になったとさえ伝わるが、「周蔵手記」はギンヅルの品行は正しかったとあるから訛《か》伝《でん》であろう。

高島鞆之助に至ってはギンヅルの一生を通じて仕事のパートナーだったが、その真相に気づいた史家は、わたしを除いてこれまで一人も出ていない。

慶応元（一八六五）年生まれの林次郎は、堤家からいったん認知されて次長の名を貰ったが、その後家督争いの渦中にあったため七歳まで無籍であった。小林に連れてこられたのは明治四、五年のようで、戸籍上は吉薗萬助とギンヅルの間の長男として萬助の戸籍に入れられ、以後は吉薗林次郎と呼ばれることとなった。

明治五（一八七二）年に作成された壬申戸籍では吉薗家の戸主は萬助である。後年、ギンヅルは別に戸籍を作ったようで、姓は本来吉薗となるべきところ、本人は公家のつもりで終生堤ギンヅルを名乗り、周蔵への手紙にも「堤ギンヅル」と書いている。後年、戸籍のことで弁護士を立てて小林市役所と訴訟になったが、詳細は分からない。現在の小林市役所によれば、当時の戸籍は既に廃棄済みとのことで、今さら詳しいことを調べようもない。

吉薗家に戻ったギンヅルは明治六（一八七三）年、養弟萬助の嫁として、姪に当たる細野村岩切八右ヱ門の長女ハツノ（安政二＝一八五五年生まれ）を入れ、以後は吉薗の家内事にことごとく容喙《ようかい》した。

明治二十三（一八九〇）年に林次郎が小林村字細野（旧細野村）の木下キクノ（慶応三＝一八六七年生まれ）を嫁に貰うや、ギンヅルを原因とする吉薗家内の不和は頂点に達し、ハツノは明治二十五（一八九二）年に実家岩切家に戻ってしまう。

明治三十四（一九〇一）年に萬助が死に、林次郎が当主となると、方言で隠居に準ずるという意味の「三居」と呼ばれたギンヅルは、吉薗家の女帝となって家事一切を支配した。壬申戸籍で生年を六歳も若く偽ったギンヅルは、その結果養弟萬助よりも年下になり、今でも曾孫たちは萬助の妹と思い込んでいるという。年齢詐称は愛人の哲長を惹きつけておくためで、女は化粧の仕方で五〜六歳は化けられると周囲にうそぶいていたらしい。

昭和六（一八三二）年に他界したギンヅルは、家伝の天保七（一八三六）年説によれば享年九

ギンヅルと親交を結んだ薩摩人たち

野津道貫

野津鎮雄

川上操六

大山巌

西郷従道

十六のはずであるが、年齢詐称の度合いをもっと大きく見る周蔵は、実際には九十九歳は越していたと目算していたという。ということは実際の生年は、遅くとも天保四（一八三三）年生まれで、哲長より五歳下だが正妻の清容院より二歳年上である。女の見栄は若さであるから、これが旦那の哲長に判るのが嫌で五〜六歳ごまかした、と周蔵は洞察したのだ。

第八章

元帥上原勇作とは何者だったのか

周蔵の上官・上原勇作の家系

吉薗周蔵の前半生は上原勇作個人に仕える陸軍特務であった。

元帥陸軍大将従一位大勲位功二級子爵にまで上った上原勇作は、島津支藩の都城藩士龍岡伝五左衛門資弦の次男として、安政三（一八五六）年十一月九日宮丸村に生まれた。龍岡家は島津家の支族で、もとは北郷《ほんごう》の姓を称したが、正徳三（一七一三）年に龍岡と改めた。都城藩の家老格で、家紋は「三階菱《さんがいびし》」であるから清和源氏に潜入した橘姓小笠原流とみられる。

資弦の実父安山親宝（本姓川上）は都城藩の産業振興に功績があったが、龍岡家の養子となった資弦は武士的な気性で、良く言えば豪放磊落《ごうほうらいらく》、悪く言えば短慮粗暴のきらいがあり、生産を事としなかったから龍岡家は裕福でなかった。

『元帥上原勇作伝』が勇作を評して、「頭脳明晰にして打算的に長ずる所あるは祖父親宝の感化により、其の思想純潔にして私なく、武士的精神に富んだ所は、父資弦の感化によるもの」としている。

勇作は大学南校に在学中の明治七（一八七四）年に上原家を継ぎ、以後上原姓を称した。上原氏の祖先は薩摩伊佐田城主で南北朝時代は北朝方の足利直冬に属し、後に北郷氏の重臣となる。家紋は「丸に四つ目結」であるから、「欠史八代」の子孫の佐々木流である。

勇作の実母は龍岡家に嫁いだ四位次兵衛昌張の娘タカ（後に貞、一八二三年生まれ）である。早世したタカの母有馬氏と後妻岩切氏については既に述べた。タカの異母妹がギンヅルで、生年を天保七（一八三六）年とするとタカよりも十三歳も若いことになるから、周蔵は少なくとも六歳はサバを読んだと見ているわけである。正確な生年は分からないが、取りあえず天保七年としておく。

龍岡家に嫁いだタカが慶応元（一八六五）年に四十三歳で世を去ったとき、忘れ形見の次男勇作は十歳であった。資弦は後に美坂長谷右衛門の娘ナカを後妻に貰う。

この年にタカの異母妹ギンヅルが林次郎を生む。天保七年説に立つと三十歳であるが、六歳くらい護摩化したのなら相当の高齢出産となるから、林次郎の生年にも疑いが出てくるが、あれほど緻密な周蔵が敢えて言うのは合理的な理由があるはずだ。なにしろ壬申戸籍の前はムチャクチャで、推考するのが馬鹿らしくなるから、本稿ではここまでとする。

このころギンヅルが、旦那の哲長を伴ってしばしば宮崎に帰り、実家の吉薗家に逗留して小林地方の農村医療に携わっていたという家伝が誤りであることは既に明らかにした。

四位次兵衛はしごくの好人物で、岩切家に戻した娘のギンヅルを気に掛け、陰から何くれとなく面倒を見た。母を亡くした勇作に叔母のギンヅルを近づけたのも次兵衛の計らいで、ギンヅルは進んで甥の母親代わりを引き受けた。

明治二年四月に薨去した哲長の葬式費用を賄《まかな》ったギンヅルは、次長（林次郎）の認知を求めて明治五年まで京に居すわっていたというが、認知というより堤家を相続させることを迫ったのであろう。当時は、京都から淀川を経て宮崎との間に船便があったから、時には京都と宮崎を往復していたのであろう。

勇作の上京を陰で指図したギンヅル

明治二（一八六九）年七月、都城藩主島津久寛（安政六＝一八五九年生まれ）の鹿児島遊学が決まり、学友に選ばれた勇作は、藩校造士館で文武の研鑽二年間に及んだ。十四歳の勇作に、ギンヅルが上京を強いて勧めたので、勇作は学問のために、明治四（一八七一）年十二月に十六歳で単身上京する。

その辺を、勇作本人はどのように説明しているか。

明治四（一八七一）年四月、新政府は兵権統一のために政府直属の親兵を設け、東西に鎮台を置くことになり、薩摩・長州・土佐の三藩の兵を充てることになった。このとき、薩摩藩の三番大隊附の教頭として三十歳の野津道貫《のづみちつら》（一八四一〜一九〇八）が出仕する。明治四年七月二十三日をもって陸軍少佐に任ぜられた道貫が、鹿児島城下から連れていった人材の多くが新政府の文武の官吏に抜擢されたので、軍人に欠員が生じた（陸海軍省の職員は武官であっても原則は軍人ではない）。

そこで今度は外城すなわち都城藩など支藩から人材を徴募することとなり、これに応じて上京したのが勇作の兄龍岡資峻らであった。戊辰戦争に二番組頭として従軍した資峻は、奥州を歴戦して帰国し、翌明治二年に大隊長となり、都城藩の家老職に就く。

同年兵制が改まり、小隊長に下げられた資峻は明治四年八月、藩の軍職を辞して上京し、御親兵（のちの近衛連隊）の第二大隊に編入された。天保十一（一八四〇）年生まれの資峻は野津道貫の一歳上で、都城藩における地位は組頭や大隊長であった。これは野津道貫が鹿児島本藩で占めていた地位とあまり変わらない。

野津道貫は明治四年七月に陸軍少佐（六等出仕）、五年八月に陸軍中佐（五等出仕）に任じるが、野津に率いられて上京した資峻が翌五年に任ぜられたのは陸軍伍長（十四等出仕）で、近衛第二大隊の会計書記として徴兵係や兵器保管など、陸軍の下級事務に当たった。

十六歳の勇作は単身上京を決意、兄の後を追って明治四年十二月十五日に都城を出て翌五年の一月十四日に東京に到着し、市ヶ谷旧尾張藩邸の親兵隊兵舎に兄を訪ねるが、兵舎では下宿が不可能なため一泊しただけで、都城出身の柴田藤五郎家に寄寓し、居ること一週間で二月二日に至り野津道貫邸に移った。

兄資峻の住まいがあるにも関わらず、勇作が野津邸に下宿した経緯を、『元帥上原勇作伝』には「伍長の官舎では居候は難しいから」というが、それはたしかであるものの、これは本当の理由ではないようである。

兄の出仕に刺激された勇作が自ら上京の志を抱き、藩の重役や父親の反対を押し切って旅費の都合をつけるまでの事情を『元帥上原勇作伝』は詳細に語るが、正体を見せない勇作のことだから、どこまで本当だか分からないのである。勇作の上京は、このころ京都にいたギンヅルが後押ししたことは確実で、だからこそ勇作は周囲の反対を押し切り、兄の都合にも構わずにムリヤリ上京したのである。

勇作の寄寓先として都城出身の柴田藤五郎家に寄寓させたのは資峻でなくギンヅルだとわたしは思う。二カ月後に勇作を書生として野津・高島邸に入れるのは、いかに元都城藩家老であっても陸軍伍長の資峻の力とは思えない。

明治七（一八七四）年に陸軍少尉（九等出仕）に任じた資峻は熊本鎮台に移って台湾征討に従軍し、西南戦争従軍中の明治十（一八七七）年に中尉（八等出仕）に進級、同十七（一八八四）年には砲兵大尉（七等出仕）に昇ったが、同二十二（一八八九）年に至り五十歳の年齢満限のため後備に編入せられた。退職恩給の年額三百四十五円は、物価を修正すれば今日にあっても結構な金額といえる。明治二十六（一八九三）年一月二十三日死去、青山墓地に葬られた。

勇作の岳父は猛将・野津道貫

都城藩家老だった資峻と三番大隊附教頭として出仕した野津とは、旧藩時代の肩書では大差はないと思うが、明治四（一八七一）年春に御親兵募集に応ずるため上京した野津は、七月二十三日、いきなり陸軍少佐に任ぜられ、翌五年八月に中佐（六等出仕）に進級し、七年一月に大佐（四等出仕）に任じられ、近衛参謀長心得に就いた。このとき資峻はようやく陸軍少尉である。

初任伍長の資峻は任官以来十八年経ても大尉止まりで、初任が中佐の野津道貫とは比較にもならない冷遇であった。これは個人的能力もあろうが、軍歴を佐官で始めた野津と、伍長で始めた資峻の出発点の差が大きい。個人にいくら能力があっても、そもそもその地位にいなければ、能力を発揮する機会はまずないからである。

明治四年末に上京した龍岡勇作が下宿した野津の屋敷に、野津と高島の二家族が共同生活をしていたのは高島の母貞子が野津夫人の母であったから、不思議はない。高島の次女球磨子《くまこ》は樺山資紀の血縁の樺山資英《すけひで》（後の満鉄理事）に嫁いだから、高島家は樺山家とも野津家とも縁戚になるのである。

野津の三歳年下の従弟の高島鞆之助も陸軍入りを目指したが、西郷隆盛の推挙によって宮内省侍従（六等出仕）に挙げられ明治天皇の近臣となった。両人は極めて仲良く、麹町区下二番町の野津邸には野津夫妻と高島夫妻と高島貞子の他に、使用人と書生ら合わせて十八人が暮らしていた。

近衛参謀長野津道貫大佐は明治九（一八七六）年七月から三カ月間、米国フィラデルフィア万国博覧会に出張を命ぜられた。この万博は米国が独立百周年を記念して開催したもので、日本政府は博覧会事務局を設置し、信濃国の医師の息子の田中芳男を派遣した。伊藤圭介の門弟の田中は本草学・医学を学び、文久二（一八六二）年に蕃書調所《ばんしょしらべしょ》に出仕したが、維新後は博覧会関係の職務に就くことが多く、農商務省農務局長から元老院議官を勤めた功績で大正四（一九一五）年に男爵を授けられた。「日本の博物館の父」と言われておかしくない人物である。

日本はこの万博に、陶器・漆器はじめ多くの工芸品を出品して日本の工芸技術の高さとジャポニズムの魅力を世界中に知らしめた。出品作品の「唐子《からこ》獅子舞装飾大香炉《ししまいそうしょくだいこうろ》」や「四季草花堆朱箪笥《しきそうかついしゅだんす》」などは今もフィラデルフィア美術館に飾られている。電話が初めて出品されるなど、逸話の多い万博であった。

わたしが野津の派遣の理由と任務について気に掛かるのは、何しろフィラデルフィアの地は

「在米ワンワールド」の中心で、その八年前に偽装死して渡米した小栗上野介忠順がアメリカの通貨制度を構築中だったからである。

高島鞆之助こそ勇作最大の後ろ盾

龍岡勇作が野津家の住み込み書生になったのは表向きで、実際はギンヅルの要請により、共同家主の高島鞆之助（一八四四〜一九一六）が引き受けたのである。

高島鞆之助は天保十五（一八四四）年十一月九日、薩摩藩士高島嘉兵衛の第四子に生まれ、藩校造士館に学び奥小姓となる。文久二（一八六二）年島津久光に従い京に上り、禁闕《きんけつ》守衛に当たるが、このとき京の薩摩藩邸で女中頭の吉薗ギンヅルと出会った。

明治元年の戊辰戦争では三番遊撃隊の監軍として戦功を建て、武運が開けた。明治四（一八七一）年四月、新政府が御親兵を設けて東西に鎮台を置くことになり、薩摩・長州・土佐の三藩の兵を充てたとき、薩摩藩士が続々応じるのに混じり、二十七歳の高島も野津鎮雄・道貫の兄弟らとともに上京した。

明治四年、御親兵入りを目的に上京した高島は、折から参議の西郷隆盛、大久保利通、木戸孝允が企てていた宮中改革の要員に挙げられた。

明治元（一八六八）年十月十五日、御所が江戸城に移った後もなお旧態依然、女官が取り仕切っていた宮中の改革のため、同四（一八七一）年七月二十日、権大納言・内国事務局督の徳大寺実則が宮内省出仕に挙げられ、これを支援するために、旧薩摩藩士で京都薩摩藩邸留守居役だった民部大丞吉井友実が宮内大丞に転じて宮中改革の断行に当たらせた。

旧薩摩藩士から高島や村田新八が選ばれて七月二十八日侍従に任ぜられたが、他藩からも島《しま》義勇《よしたけ》（佐賀藩）などが選ばれた。八月一日、吉井大丞は女官を総罷免し、奥向きの決定権はすべて皇后が総覧することにした。

高島は明治四十五（一九一二）年八月、当時を回顧して、「初めて天顔に拝したのは明治四年で、宮中の積弊を改革せんとの議が先輩（西郷・大久保）の間に起こり、終に破格の恩命に接し、われわれ野武士が召されることとなったが、この改革において吉井友実伯は一通りならず尽力された」と語っている。

西郷から、天皇の日常の御相手が高島鞆之助と村田新八などと聞いた大久保は、薩摩でも評判の暴れん坊なのでびっくりしたという。翌五（一八七二）年四月、高島は侍従番長に抜擢され、六月には旧幕臣の山岡鉄太郎（鉄舟）も宮中に入って侍従番長となった。これに先立つ五月、吉井大丞は前年の女官総罷免に掛からなかった典侍以下の三十六名を一掃した。

徳大寺を宮内卿にして京都御所以来の女官を一掃し、倒幕諸藩から若手を抜擢して天皇側近を固めた名分は、宮中の旧弊改革である。まさにその通りだが、他に目的がなかったか。それは、①徳大寺による天皇御教育、②女官追放による秘密護持、③諸士による天皇護衛、ではないかと思うが、論究は明治維新の真相が明らかになる日まで待たねばなるまい。

天皇側近として精励した高島侍従番長

天皇の日常の御生活は一変し、午前十時から午後四時まで女官の立入りを厳禁した表御座所《おもてござしょ》において政務を執られた。

御乗馬には高島侍従番長が従い、極めて規則正しく行なわれたのでメキメキと腕を上げられた。力試しは毎日のごとく侍従たちと腕押しをするのを好まれ、ついに山岡が諫《いさ》めたほど血気盛んであられた。侍従の案内で薩摩藩士たちが行きつけの品川遊廓に御幸されたとも仄聞する。

天皇の傍らに侍した高島侍従番長は西国巡幸に際し、明治五（一八七二）年五月二十三日から七月十二日の還御までお側を離れず、九州沿岸部を視察した。さらに六年四月五日、小金原《こがねはら》（千葉県松戸）における陸軍大演習にもお供した。これを『明治史要』に「鎌倉演習」としてあるのが不思議だが、公文書にも妖気が漂う場合があるのである。

大演習の総指揮は元帥兼近衛都督西郷隆盛が執ったが、近衛局長官少将篠原国幹《しのはらくにもと》の指揮ぶりを御目にした天皇は、「皆も習え篠原に」と仰せになり、それが習志野の地名となった。また、八月三日から三十一日までの両陛下の箱根・宮の下温泉での御静養にもお供した。

以上のほか、侍従番長時代の高島の業績に明治六（一八七三）年十一月の北海道出張がある。元来日本の領土であった樺太は、幕末ロシア帝国の侵出が激化した際、国際情勢にうとい江戸幕府では対応できず、慶応三（一八六七）年の仮条約により日露両国の共同管理地とされて以後、明治八（一八七五）年五月七日の千島・樺太交換条約までの間、両国民が雑居したが紛争が絶えなかった。

日本は南北分割のため国境の確定を望んでいたが、明治五（一八七二）年十月から始まった交渉でロシア側が全島の領有権を主張して譲らないため撤退を決意し、売買譲渡することとし、参議副島種臣《そえじまたねおみ》が条件交渉に入った。

明治六（一八七三）年十月十四日、大西郷の朝鮮派遣をめぐる左院（太政官の諮問機関）での閣議の席上で、樺太事件に対する外務卿の派遣が論じられているが、事件の詳細は分からない。このときの政変で政府部内が分裂し、副島も下野することとなり、交渉は中断した。直後の十一月九日、樺太でロシア人の暴動が起こり日露間に緊張が高まった。

近代日本が初めて遭遇したこの国際的事件の収拾のために派遣された高島は、天皇の信頼に応えて無事任務を果たした（『大阪偕行社附属小学校物語』）というが、実情は政府が分裂して対

侍従番長となった山岡鉄太郎(鉄舟)

大演習の総指揮者・篠原国幹

陸軍大演習を閲兵する明治天皇

明治天皇が政務を執った表御座所

露交渉に支障を来したことから、とくに高島侍従番長が派遣されたものであろう。

いま一つは明治七（一八七四）年三月の佐賀表出張である。二月四日佐賀の乱が起こり、山縣有朋が陸軍卿から近衛都督に転じ、東伏見宮嘉彰《よしあき》親王が二月二十三日付で征討総督に任じた。高島の任務は天皇の意向を前線司令官に伝えることだったらしいが、詳しい内容はわからない。

高島鞆之助の初任は陸軍大佐

明治七（一八七四）年三月二十七日に首魁の元司法卿江藤新平のほか元侍従島義勇が縛に就いて佐賀の乱が収まると、五月十二日に陸軍入りした高島は陸軍大佐に任じ、陸軍省第一局副長兼局長代理に補せられた。

高島の七歳下の妹登女子《とめこ》が嫁した野津道貫は、義弟であるが三歳の年長で陸軍でも三年の先任である。その野津道貫が大佐に抜擢されたばかりなのに、高島の初任が大佐になった理由は、侍従番長と同格のためである。

明治八（一八七五）年二月七日、高島は陸軍教導団長に転じた。陸軍教導団は明治二年に大阪兵学寮に置かれた教導隊の後身で、明治四年に東京に移されて教導団と改称、明治六年には兵学寮から分離されて陸軍省の直轄になった。陸軍教導団とは、ようするに下士官養成機関でである。

明治九（一八七六）年十月二十四日、熊本神風連《しんぷうれん》の乱を皮切りに、二十七日秋月の乱、二十八日萩の乱と不平士族の反乱が相次いで起こる。十一月四日に萩に急行した教導団長高島大佐は大阪鎮台歩兵八連隊のうち二大隊を指揮し、広島鎮台司令長官三浦悟楼《ごろう》少将と相携えた敏速な作戦により、萩の乱を鎮圧した。

翌十（一八七七）年二月十五日、西南戦争が起こると、十九日に政府は征討大総督（総司令官）に有栖川宮熾仁《たるひと》親王を任じ、参軍（副司令官）に山縣有朋陸軍中将及び川村純義海軍中将、第一旅団長に野津鎮雄《しずお》少将、また第二旅団長に三好重臣少将を補した。

薩摩軍の攻撃目標となった熊本鎮台では、司令長官谷干城《たにたてき》少将が兵力差を勘案して籠城作戦を決断したので、これを支援するため熊本城守備の命令が下った小倉第十四連隊長心得乃木希典《のぎまれすけ》少佐が第十四連隊を率いて熊本に向かう途中の二月二十二日、連隊旗を薩摩軍に奪われる有名な事件が起きる（ちなみに、このあと金沢連隊の千田登文少尉が小倉連隊の連隊旗手に任ぜられるという不可解な人事が西郷隆盛偽装死の重要な状況証拠をなすことは、拙著『ワンワールドと明治日本』に詳述したのでご参照を願う）。

同日、高島大佐は長崎警備隊指揮官に補され、旧薩摩藩主島津久光を説得するための勅使柳原前光と随員陸軍中将黒田清隆に従い、三月一日に黄龍丸《こうりゅうまる》に乗って神戸港を出帆した。勅使一行は八日、鹿児島の錦江湾に入るが説得はついに成功せず、黒田中将は三月十四日付で西南役征討参軍に補せられた。

高島大佐は、真正面の敵にはめっぽう強い薩摩健児の性向に鑑み、別働隊を設けて熊本南部で薩摩軍の背後を衝き、補給路を分断する作戦を、黒田参軍に提案した。

早速これを採用した黒田は、三月二十八日に別動第一旅団長に高島少将（同日進級）を補し、別動第二旅団長に山田顕義《あきよし》少将、別動第三旅団長に川路利良《かわじとしよし》少将兼大警視を補して指揮を執らせた。別働旅団は顕著な功を挙げ、十月十六日に凱旋した高島少将は時に三十三歳であった。

一方、フィラデルフィア万国博覧会から帰朝した野津道貫大佐は、十年二月十九日に征討軍第二旅団参謀長に転じて十月に凱旋。翌十一年十一月二十日に陸軍少将に進級して陸軍省第二局長となる。時に三十七歳で、高島には一瞬追い抜かれたものの極めて順調な昇進である。

勇作当初の希望は文官

上原勇作がはじめ大学南校（後の東京大学予備門）でフランス語を学んだのは、当時の陸軍がフランス式だったからとは言えない。なぜかというに、陸軍幼年学校を志願したときすでに二十歳に達して受験資格を失っていたからである。つまりギンヅルの目標は当初は文官だったと思われる。

ここで、陸軍の幹部養成制度について述べると、明治二（一八六九）年九月に大阪兵学寮が創設され、十二月には新生徒が青年学舎に入校した。後の士官学校である。

大阪兵学寮には青年学舎の他、三年四月に京都の仏学伝習所から移行した教導隊、五月に横浜語学研究所から移行した幼年学舎があった。ちなみに、海軍では明治二年九月に東京築地に創設した海軍操練所を三年十一月、海軍兵学寮と改称し、のちの海軍兵学校となる。

明治四年十一月、大阪兵学寮は陸軍兵学寮と改称し、十二月十日をもって東京に移転、同時に沼津兵学校も東京に移転して管轄下に入り、教導隊工兵生徒となった。折しも、龍岡勇作が笈を負うて単身上京した頃合いであるが、陸軍兵学寮もろとも四年末に東京へ移転した幼年学舎が、五年六月の陸軍兵学令の改正をもって成立した幼年学校が、この年には募集を行なわず、翌六年の入校生が第一期生徒となる。したがって五年の入校はあり得なかったのである。

明治五年六月二十七日に陸軍兵学令が改正され、陸軍兵学寮管轄下の各学校は、青年学舎が士官学校、幼年学舎が幼年学校、教導隊が教導団とそれぞれ改称された。七年八月、士官学校は兵学寮から独立して陸軍士官学校と称し、翌年二月に第一期の生徒募集を行なった。

幼年学校も八年五月に独立、陸軍幼年学校と改称して最初の募集を行なうが、第一・二期生は陸軍兵学寮の時にすでに入校していたため、初入試の対象は第三期生徒であった。

一方、二月二日に野津邸の書生となった勇作は早くも二十一日から武田成章《なりあき》の私塾に通い受験準備をしていて、生徒募集をしていた南校を受験して六月に合格したのである。南校の入学年限は数え十六歳以上で、勇作は十七歳であった。

『元帥上原勇作伝』の巻末年譜には、「五年六月大学南校（大学予備門）に入り、官費生としてフランス語を学ぶ」と記されている。大学南校は、明治二年十二月に開成学校が改称したもので、四年七月の大学廃止後は、単に「南校」と呼ばれたから、正しい名称は南校である。

伝記の本文は、「官費生には寄宿舎が提供されたが、依然として野津邸に寄食した上原は、明治五年十一月に至り夜学に行くことを許され、初めて算術を学び、ついでフランス学を研究し、その後、武田成章の塾に入った。野津家の用務を終えた後、武田塾に通ってフランス語を学ぶこと三か月、フランス人と直接対話できるまでになり、以後は開成学校に通った。ほどなく大学南校の入学試験に合格した」と語るが、これは前後が撞着している。

まず、開成学校も大学南校もともに南校の旧名だから記載内容が重複しているし、五年六月に南校に入学したとする年譜との間には前後撞着がある。

真相は多分、上京直後の五年二月末から武田成章の夜学塾に通い、三カ月後の六月に早くも南校（開成学校）に合格したのであろう。

測量設計シャーマン武田成章に学ぶ

成章武田斐三郎《あやさぶろう》は文政十（一八二七）年生まれの伊予大洲藩士で、緒方洪庵の適塾で蘭学を学び、さらに佐久間象山の門弟となり、洋式兵学を学んだ。

象山の推挙で幕府に出仕し、安政元（一八五四）年の箱館開港に際した斐三郎は下検分のために来航したペリー提督の応接員として箱館に派遣され、その後は同地に留まって箱館奉行の下で諸術調所《しょじゅつしらべしょ》教授となった。箱館で斐三郎と会見したペリーは、斐三郎の人物と学識の深さを褒め称えている。わが国郵便制度の父と呼ばれる前島密《まえじまひそか》（のち男爵）、同じく鉄道制度の父たる井上勝（のち子爵）はその時の弟子である。

北辺防備の強化を願う箱館奉行の依頼を受けた武田が、オランダの築城書を頼りに築造したのが五稜郭で、工事は安政四（一八五七）年に始まり元治元（一八六四）年に完成した。武田はまた、本邦で初めてストーブを発明したことでも知られている。

測量シャーマンの典型武田成章は、維新後の明治五年ごろは東京で兵学・フランス語の塾を開いていた。勇作は二月末からひとまずそこに通い、三カ月後に南校に合格したのである。

伝記は錯綜しているが、「明治五年十一月云々」と明記したのは、単なる誤解とは思えない。

おそらく勇作は、南校一年生の五年十一月からフランス語と数学の補習のために、再び武田塾に通うことを命ぜられたと思われるから、大変な「もの入り」である。

荒木貞夫が監修した伝記は、勇作の当時の境遇をあたかも野津邸で酷使される一介の学僕のごとくに語るが、私塾通いといい南校への進学といい、あるいは補習のための武田塾通いといい、かなりの費用を誰かが負担していたわけで、一介の書生にあるまじき厚遇を受けていたというのが正しい。

明治五年に龍岡（上原）勇作にフランス語を教えた武田成章（改名）は、明治七年に陸軍大佐として兵学大教授となり、八年には兵学寮幼年学校長として陸軍士官学校の開校に尽くすが、陸軍創設の激務のため明治十三（一八七九）年に五十三歳で死亡した。

このとき勝海舟は、「武田成章はこの国家主義を持して終始一貫したすぐれた人物であり、わが国科学技術の先駆者として万能の逸材であった」とその死を惜しんだという。

ジュウネ・ブリュネは欧州大塔宮の一族？

幕末にフランス政府が派遣してきたシャルル・シャノワーヌ大尉を団長とする軍事顧問団の副団長がアルザス生まれのジュウネ・ブリュネ砲兵大尉である。

戊辰戦争で榎本武揚の旧幕府軍に加わるためにフランス軍を脱退したブリュネは、榎本とともに北海道に渡って箱館戦争を戦い、蝦夷共和国を建国したが、榎本武揚の投降の際にフランス船に乗じて帰国した。

母国の軍事裁判で予備役にされたブリュネは明治三（一八七〇）年に普仏戦争が始まると現役に復帰し、一等大尉としてオーストリア駐在武官となりプロイセン軍の捕虜となる。後年、陸軍少将に進級したブリュネと陸軍大将になったシャノワーヌは、日清戦争での日本への貢献に対して、シャノワーヌが勲一等旭日大綬章、ブリュネが勲二等旭日重光章を授けられた。当時は外国人が与えられる最高の勲章である。

インターネットのウィキペディアの記事に、「フランス人のブリュネ少佐が日本政府に、『武田大佐をヨーロッパに派遣されたら一年で最新の精錬法を導入できて数百万の経済的節減ができる』と日本政府に建白した」とある。原典が示されておらず真偽のほどは判らないが、武田の肩書とブリュネの階級から見て明治八（一八七五）年から明治十三（一八八〇）年までのことで、武田の万能の天才ぶりを示していて興味深い。

明治三十一（一八九八）年に国防大臣になったシャノワーヌと、その参謀総長に就いたブリュネは、日清戦争のころまで、二人して日本陸軍のフランス留学生の世話をしていた。工兵将校上原勇作も当然その一人である。

ブリュネが砲兵科将校で出身地がアルザスとなれば、その出自が欧州大塔宮ないし在欧後南朝党である可能性は低くなく、それでこそ幕末維新にかけての行動が腑に落ちるのであるが、加えて後述するポンピドー家との関係にも興味が湧く。

荒木貞夫編纂の『元帥上原勇作伝』が辻褄の合わぬ雑事で終始するのは、上原自身が自分の前半生の真相、ことにワンワールドとの関係をひた隠しにしたからである。その編集に当たった荒木貞夫は、自身が「大和ワンワールド」における上原の後継者であることから、わざと曖昧にしたと思われる。

明治八年に進路を軍人に転向

陸軍兵学寮の管轄下の幼年学校は明治六（一八七三）年に第一期生徒を募集するが、そのあたりの情報を、近衛参謀長野津大佐や高島侍従番長が知らぬはずもない。明けて南校の二年生になった勇作に、幼年学校への転校を進めるのが当然と思うが、それをしなかったのは、それなりの事情があるのだろう。

明治八（一八七五）年二月二十三日、勇作は島津藩士上原尚実《なおざね》の養嗣となり、以後は上原姓を名乗ることとなる。明治八年になって勇作が方向を転換したのはギンヅルの指示で、あわてて陸軍幼年学校を志願した勇作は、年齢超過を理由に受付を拒否される。それを近衛参謀長心得だった野津道貫大佐が一歳ごまかした願書を出し直して入学させ、陸軍幼年学校第三期生徒となった。

同級生は後に陸軍大将になる柴五郎・内山小二郎《こじろう》・秋山好古《よしふる》と、陸軍中将・陸相になった楠《くすの》瀬《せ》幸彦《ゆきひこ》ら錚々たる若者たちで三年前に入学していたが、幼年学校は当時フランス語が主流で、大学南校で修めたフランス語に堪能だった勇作は、先に入学していた同級生たちよりも語学力で上位に立った。

明治十（一八七七）年二月に西南戦争が起こるや、幼年学校第一・二期生は士官学校でも第一・二期生で、士官生徒として臨時見習士官となり現役軍務に就いた。勇作ら第三期生は五月に陸士に進学したが臨時士官に任官する前に戦役が終わったので出征しなかった。

明治十二（一八七九）年、士官生徒第三期工兵科を首席で卒業した勇作は十二月二十二日付で陸軍工兵少尉に任じ、引き続き少尉生徒として在学する。勇作が明治十四（一八八一）年二月五日に東京鎮台工兵第一大隊小隊長に補せられたとき、同期の楠瀬幸彦・森雅守《まさもり》の両少尉と共にフランス留学の沙汰があった。

この時のフランス留学は、西南戦役後の財政逼迫により中止との噂もあったが、明治十四年四月二十日をもって本決まりとなり、東京出立が六月五日となった勇作の送別会が警視総監樺山資紀の目白別邸で盛大に行なわれた。洋行を前にして帰郷した勇作は、途中で熊本鎮台に司令官高島鞆之助少将を訪れてその官舎に宿泊する。

高島と樺山が上原勇作の後ろ盾であることが、これをもって天下に知られたのである。

勇作の大陸軍事探偵行と欧州巡察

陸軍工兵少尉上原勇作が留学のため渡仏したのは明治十四（一八八一）年六月であった。当初グルノーブル工兵第四連隊の隊付になった勇作は、翌一八八二年にフォンテンブロー砲兵学校に入学した。

アルザス生まれのユダヤ人砲兵将校が架空の陰謀容疑を着せられたことで知られるドレフュス事件の主人公アルフレド・ドレフュスは、一八八〇年から八二年までフォンテンブロー砲兵学校で学んでいるから、勇作はドレフュスと入れ替わりに入校したわけである。在学中の十五年九月に中尉、十八年六月に大尉に進級した勇作は十六歳年上の兄龍岡資峻中尉を早くも追い越した。

この間、明治十七（一八八四）年に参議陸軍卿兼参謀本部長の陸軍中将大山巌が、中将三浦悟楼・少将野津道貫・大佐川上操六・同桂太郎ら陸軍高官を従えて兵制視察のため欧州を巡視するが、その際九月十日のツール運動要塞の見学に上原勇作中尉が同行を命ぜられた。

四年半にわたるフランス留学を終えて明治十八（一八八五）年十二月二十三日に帰朝した勇作は、間もなく陸軍士官学校教官を拝命し、翌十九年十二月に東京湾防衛のために設置された臨時砲台建築部の事務官に補せられ、技術方面を担当した。

欧州仕込みの新知識を実地に適用した上原大尉は、欧州と日本では気候が異なりフランスで覚えた知識がそのままでは役に立たないので、再度渡仏して知識と経験との応用を再検討する必要を感じたが、再留学はならず、明治二十年一月二十日に陸軍士官学校兼務を命ぜられる。

その後の経歴を、『元帥上原勇作伝』には、下記のように記す。


明治二十年三月二日、臨時砲台建築部の命に依り、対馬並びに馬関に出張す。

同年十一月二十八日、相州横須賀地方に出張を命ぜられる。


ところが、神坂次郎に、『波瀾万丈』という著書がある。

南洋における日本人娼館の経営で知られた樺山（村岡）伊平次（一八六七〜一九四五）の伝記だが、それによると伊平次は、明治二十（一八八七）年に商業視察の名目で北支から満洲にかけて旅行する上原勇作中尉《ママ》の従者を依頼された。勇作の目的は大陸辺境の軍事探偵行で天津の滝領事の紹介であった（落合注：外務省資料では、当時天津領事は波多野承五郎である）。

明治二十年六月二十三日に天津を出発した二人は、行商に身をやつして天津の街を発ち、それから五カ月の軍事探偵行が始まる。北京・熱河《ねっか》から内蒙古を通り満洲に入り、吉林・長春から奉天と、あらゆる都市を探って歩いた。

その記録を手帳に残した伊平次は晩年になり、波乱を極めた人生を追懐して一冊の回想録をものした。それを虚実入り混じったものと神坂は言うが、それは諜者《ちょうじゃ》というものを知らないからである。実をいうと、樺山伊平次は単なる女郎屋ではなく、陸軍の諜者でもあった。諜者たるものは秘密手記を残すのが常法で、回想録の元になった手帳に残された「伊平次日誌」は、ほぼ真実を記したものと見てよい。

日本陸軍に欧州の科学知識と合理精神を伝えた上原勇作は陸軍大将に昇り、元帥府に列せられて「日本工兵の父」と讃えられた。その偉業を伝える『元帥上原勇作伝』は、上原大尉が伊平次と同行した六月二十三日から十一月までの五カ月間の行動を一切省いている。

上原伝記の編纂に際して、編者の荒木貞夫が北支探索一件を意図的に秘匿したのは、たとい数十年前でも諜報活動が軍事機密に属するからであるが、あるいは偉大な元帥に似つかわしくない卑劣な行為を含んでいたゆえにか、それは分からない。

伝記の原則はご都合主義

もっとも、軍人の伝記に限らず、およそ伝記とはご都合主義のものである。

そもそも根底にある手記・日記の類が真実を記していないのは、誰しも都合の悪い行為は記録せず、ましてや発表したくないからだ。例の有名な『石光真清の手記』を稀有の軍事探偵記録として世人が高評価をするのはよいが、本当に重要なのは、「そこに何を書かなかったか」である。このゆえに歴史愛好家が喜ぶ「証拠」は伝記の中にない。

それを行間から見抜く洞察力こそ伝記解読の要諦なのだが、性善主義を頼りに占領下の平和空間を生きてきた本邦の史家や、公的権威に弱い腰抜け作家にはまず無理だろう。

その逆に、いくら隠したつもりでも、思いがけぬところから真相が暴露される。それは、当事者の中に例外がいて真相を記録に留めた場合である。

例外者とは、身辺を嘘だらけで固めざるを得ない諜者のことで、彼らはいざという時に自分を護る目的で、真相を秘密日誌に残す習慣があり、本稿の対象「周蔵手記」はそのような性質のものである。

『石光真清の手記』の解説者は子息の石光真人（東京日日新聞記者、日本ＡＢＣ協会専務理事）であるが、「元となった秘密の手記は自ら燃やした」と述べている。諜者の手記は、表面上は詳細な偉人伝よりもはるかに資料的価値が高い。樺山伊平次の手帳もその一例であって、とにかく上原勇作の伝記に裏面があることを証明したのである。

明治二十二（一八八九）年三月十九日、臨時砲台建築部長男爵小沢武雄中将の欧州派遣に付き、随行を命ぜられた上原大尉は時に三十四歳であった。以後の日程は次のようである。

三月二十四日　横浜発
五月二日　マルセイユ港着
　三日　パリ到着
　十七日　ウィーン着／山縣有朋と会合
六月二日　ペテルブルク着／ロシア皇帝に謁見
二十一日　北欧諸国巡覧
七月二日　ドイツ巡覧
　十八日　オランダ巡覧
二十二日　ベルギー巡覧

二十五日　パリ着／フランス滞在（約三週間）
八月二十三日　英国巡覧
九月七日　パリ帰着／フランス滞在（約七週間）
十月十九日　パリ発
二十七日　リヨン発
二十九日　南欧諸国巡視
十二月十五日　帰朝の途に上る

この間、留学時代に秘密結婚したジルベール・ポンピドーと再会し、一女を儲けたことは後述する。

川上操六と野津道貫の強力な引きで参謀本部に

明治二十三（一八九〇）年一月に帰朝した上原大尉は五月九日付をもって陸軍工兵少佐に任ぜられ、十月二十二日には臨時砲台建築部事務官を罷《や》めて第五師団の工兵第五大隊長に補せられた。その事情を『元帥上原勇作伝』には、「言うまでもなく第五師団長陸軍中将野津道貫の推薦に係るもの」と記している。

明治二十五（一八九二）年八月二十五日付で工兵第五大隊長を罷めた上原少佐は、参謀本部副官に補せられ、九月九日付で陸大教官を兼補せられた。この人事は参謀次長川上操六中将の推薦であった。

川上は当時四十六歳で、参謀総長有栖川宮熾仁《たるひと》親王を補佐して参謀本部の改革に当たり、従来の組織を一変して、天下の英才を幕下に集めた。参謀本部が軍機の中枢機関となったのは、偏《ひとえ》に川上の力によるものと言われている。

川上と上原の関係について、『元帥上原勇作伝』は、「彼（上原）が仏国より帰国するや、忽《たちま》ち士官学校の教官となったのも、臨時砲台建築部の事務官となったのも、士官学校兼務となったのも、小沢中将の随員となって欧州各国の海防事務を視察したるも、工兵第五大隊長として、広島師団の隊附となって実地の軍務に従事したるも、皆将軍（川上）の力に有らざるものはなかった」とする。

また、上原の昇進は、「その第一程が野津将軍の先容に待つ所甚だ大なるものあったことは、勿論である。而かも彼が参謀本部に転任以来、征清征露の両大役に遭遇して、大いに驥足《きそく》を展《の》ぶることを得るに至った所以《ゆえん》のものは、彼の努力と精力とに由るものあるとは云え、主として川上将軍推挽の力に帰せねばならぬ」としている。

野津と川上による上原の引き立ては、まるで辺りを憚らぬものであった。

川上は戊辰戦争の際、京の薩摩藩邸で周蔵の祖母ギンヅルと親しくなり、後には男女関係もあったらしいと吉薗家伝は言うが、「周蔵手記」には、「婆さんは男は哲長だけで、操を立てて通した」と一度ならず述べている。そのため判断に困るが、川上が一貫して上原を引き立ててきたのは、上原本人の才能からして当然ではあるものの、ギンヅルの依頼もあったのであろう。

参謀本部副官として軍務に携わった上原少佐は、明治二十六（一八九三）年七月二十二日付でベトナムおよびジャムロ（タイ）の視察を命ぜられた。

これより先、フランスとタイの間にメコン河左岸の領有問題を生じていた。一八八七（明治二十）年のインドシナ領有以来、メコン河を遡って南支方面に対する通商路とすることを図っていたフランスは、メコン河が急流で船便が難しかったので、方向を変換してタイ国境に侵入した。そのためタイ・フランス間に軍事衝突が頻発し、ついに交戦を見るに至った。

明治十三（一八八〇）年以来、ビルマを併呑《へいどん》しマレー半島の南半部を占有していたイギリスは南西北から、また明治二十（一八八八）年にインドシナを領有したフランスは、東北から同時にタイを蚕食《さんしょく》したから、獲物となったタイを挟んで、英仏関係は緊張するに至った。

結果によっては日清両国の利害にも関するので、南支方面の形勢を探索するため、川上参謀次長が上原少佐と山田良円中尉を派遣したのである。

七月二十六日に東京を出発した両名は、十一月十二日に帰朝する。往復およそ百八十日、その間に九十日をスペイン領フィリピンで過ごしているのは、スペインからの独立運動が激化していたフィリピンの情勢を観察していたのであろう。

後年、この視察を回顧した上原は、「ベトナムの港湾は、昔は開放しており、日本人が多数この地に植民し、江戸幕府が鎖国するまで継続していた。日本町も日本家屋も存在し、日本人墓地も発見された」と語っている（『元帥上原勇作伝』）。

第九章

ウバイド・ワンワールドとは

明治二十二（一八八九）年の小沢武雄中将欧州巡視の日程を前記したから（二五四ページ）、ご参照願いたい。

巡視の拠点をフランスにしたのは地理的条件のためか、あるいは幕末の日仏陸軍の友誼的気分が残存していたからなのか判らないが、上原勇作大尉は旅行中、毎日の行動を日記に書き留めており、『元帥上原勇作伝』はこれを転載する。その八カ月の長期にわたる旅行のなかで、後に述べるポンピドー関連の私的行動があったことはたしかなのに、一切記していないので実状は分からない。

『上原勇作伝』が隠した女性関係

帰国翌年の明治二十四（一八九一）年、上原は第五師団長野津道貫中将の娘槙子《まきこ》を娶《めと》る。勇作は三十六歳で、新婦は十七歳も年下であった。媒酌人は時の陸相高島鞆之助中将である。そもそもこの縁組みは、ギンヅルと高島がずっと以前から仕組み、槙子が十九歳になるまで成長を待っていたのである。留学から帰国して六年間を独身で過ごしてきた上原少佐は、単身赴任の広島時代を、後年に以下のように回顧している。

自分の留学時代は普仏戦争の十年後であってフランス国民の臥薪嘗胆《がしんしょうたん》の時代であった。当時の連隊長以下、将校の大半が独身者であったのは、生活費を節約するためでもあるが、その主旨は挺身して奉公の任務を尽くさんとするにあった。

自分も亦《また》その精神を堅持して三十六歳まで、無妻主義で押し通した。

本稿が明らかにするのは、右の言葉とは正反対の真相である。

まず『元帥上原勇作伝』が記さない重要な事実がある。独身時代の勇作は、ギンヅルの手配で東京・世田谷の三軒茶屋に一戸を構え、そこで日高尚剛の血縁に当たる一女性と半ば同棲していた。時期はフランス留学から帰国した後であろう。

ところが、その女性はギンヅルが勇作に付けた見張り役でもあった。上原とこの女性との関係について、高島鞆之助は勿論、岳父となる予定の野津道貫も知らなかったはずはない。

首都大学東京（旧東京都立大学）には日高と上原の間に往来した多数の書簡が現存する。『元帥上原勇作伝』にはその何通かを掲げるが、内容は「黒砂糖を送ってくれ」などというたわいないものばかりである。

大正二（一九一三）年に上原が肺壊疽《はいえそ》で死に瀕したあと、鹿児島へ戻って山下町の日高邸で静養したが、そのことを記す『元帥上原勇作伝』の編集者荒木貞夫が、日高と上原の関係について何一つ解説していないのが、そもそもおかしい。日高尚剛は鹿児島市山下町に在住した実業家で、ギンヅルのいとこ（？）かつビジネス・パートナーであった。ビジネスとは、日清戦争終結後の明治二十九（一八九六）年に台湾副総督となった高島鞆之助が、明治三十（一八九七）年四月二日に拓殖務大臣となって引き続いて行なった樟脳・砂糖事業とアヘン配給に関係するものである。台湾総督府のアヘン配給事業は、やがて東亜煙草および鈴木商店として展開するが、本稿に紙数がないので、詳しくは後巻で述べることとする。

上原の女性関係は時期の順に、①日高某女、②フランスで秘密結婚したジルベール・ポンピドー、③正妻槇子、④大阪赤十字病院の元婦長玉木常磐がいた。正妻槇子を赤坂本邸に据えた上原は、玉木を大森別邸の老女（女中頭）とし、日高某女を上総一ノ宮の別荘守として、分散配置していたのである。このような女性関係は『元帥上原勇作伝』にまったく記されておらず、僅かに大正二（一九一三）年二月、肺壊疽で入院した大阪赤十字病院の場面で、玉木看護婦がチラリと出てくるだけである。

上原勇作と令嬢ジルベール・ポンピドー

上原勇作にとって最も重要な女性関係は、実はフランスにあった。

明治十四（一八八一）年に二十五歳でフランスに留学した上原は、アルザスのポンピドー家のメソジスト派牧師と親交を結び、その妹との間に娘を儲けていたことを「周蔵手記」がわずかに触れている。詳しいことをわたしは吉薗明子から教わったが、相手の名前はたしか「ジルベール」とか聞いたように思うから、本稿ではジルベールと呼ぶことにする。

吉薗周蔵が甘粕正彦からジルベールのことを聞くのは、佐伯祐三を訪ねてパリに行った昭和三（一九二八）年のことである。パリで美術修業中の佐伯祐三の陣中見舞いが名目で、実際は上原の密命を受けて欧州各地に隠匿された戦利品の「金の延べ棒」を受け取りに行った周蔵に、日本から若松安太郎（堺誠太郎）が周蔵に同行し、現地で甘粕正彦・藤田嗣治が合流した。

アルザスへ行ってきた甘粕が周蔵に、「閣下の娘と思われる女性に逢った。三十五は超すと思われる女で、母は亡くなりましたと閣下にお伝えください、と言われた」と報告した。「母」とは上原閣下のフランス妻のジルベールである。したがって「閣下の娘」とは、大正の中頃に来日してフランス語を教えた甘粕の愛人である。その愛人を甘粕が他人事のように語ったのは、その存在を周蔵たちに隠していたので当然であろう。

前述の年譜を見ると、勇作は明治二十二（一八〇九）年三月から年末まで欧州に滞在しているから、その時にジルベールに遇《あ》ったわけで、これからすると「閣下の娘」の誕生は明治二十三（一八九〇）年となるから、昭和三（一九二八）年には三十九歳であった。甘粕が愛人の年齢を実際より数年引き下げて語ったのは、やはり愛情であろうか。

「周蔵手記」は、このときの黄金を「戦利品」と述べることから、二年前までのわたしは、これを「日本陸軍がシベリア出兵で得た戦利品」と理解していたが、今思うにこれは大間違いで、在欧ワンワールドの黄金ファンドの一部と観るべきものと考えている。

総量で百貫目（三百七十五キロ）ほどというから、今日の時価で十八億円ほどになる。その黄金が、在欧ワンワールドから、今後の工作資金として上原勇作に支給されたのである。これは折からの昭和天皇即位に関係があるように思うが、夢想であって根拠はない。

勇作とポンピドー兄妹との出会いは明治十四（一八八一）年四月から十八（一八八五）年末までの四年弱に渡る留学時代である。勇作のフランス留学の目的の一つはポンピドー家のジルベールと秘密結婚させるためであった。理由はいうまでもなく、アルザスのポンピドー家が欧州大塔宮の一族だったからで、勇作は秘密結婚と同時に「在欧ワンワールド」の秘密結社に入会したのである。

留学の間にジルベールに子供が生まれたと見られるから、勇作の子孫は今もアルザスあたりにいるはずである。

「周蔵手記」によれば、大正時代にジルベールの娘が伯父のメスジスト派牧師ポンピドーとともに来日し、憲兵中尉甘粕正彦と親しくなり甘粕にフランス語を教えたが、大正八（一九一九）

年ころに二人連れでフランスに秘密留学した、とある。詳しいことは後巻で述べたい。

■東王統の南北朝統合は西王統救済のため

ジルベール・ポンピドー家を、欧州大塔宮の一統というのは、誰に教わったのでもなく、わたしの洞察であるが、その基礎は、「周蔵手記」の背景を探究しているうちに形成されたウバイド・ワンワールド史観である。

在欧ワンワールドを含めてウバイド・ワンワールドを理解しなければ、世界史も各国史も根底から間違ってしまう。間違った認識の上にどれだけ詳細な史料を並べ、いかに精緻な史論を展開しても全くの無駄である。現状の学校教育が、莫大な文教予算を注ぎ込み家計を費やしてその無駄をあえて行なっているのは、政治的な思想工作と思うしかない。

さて、以下に述べる秘史は、わたしが初めて明らかにしたことである。それも本邦初公開でなく、世界初公開であるが、これを理解するために必要な基本的知識は、次の三つである。

①メソポタミアに始まる東西ウバイド王統を軸にしてワンワールドのネットワークが成立していること。

②後醍醐天皇と僧・文観《もんかん》が南北朝を合一し、以後の皇位を護良《もりなが》親王の子孫に限ったこと。
③護良親王の子孫が渡欧して「欧州大塔宮」になり、欧州王家に入ったこと。

南北朝時代に大塔宮護良親王の王子が渡欧したのは、ウバイド西王統のスコットランド王家の継続が危ぶまれたからである。王統の危機はスコットランドで最も偉大な王の一人といわれるアサル朝のアレグザンダーⅢ世が一二八六年に四十四歳で急死したことに始まる。

時に日本は弘安九年で、二度目の元寇「弘安の役」から五年の後である。大覚寺統の宇多[91]の御宇で、翌年に持明院統の伏見[92]に譲る。この頃から問題化する両統迭立《てつりつ》に事実上の終止符を打つ後醍醐[96]は後宇多の皇子で一二八八年に生まれたばかりである。

スコットランド貴族たちが、アレグザンダーⅢ世の娘でノルウェー王に嫁いだマーガレットが生んだ三歳の孫マルガレーテ（マーガレット）を推戴すると、イングランド王エドワードⅠ世は、マルガレーテを王太子エドワード（のちのエドワードⅡ世）と結婚させてイングランドとスコットランドを同君連合にしようとした。

ところが、一二八九年にノルウェーからスコットランドに向かう船上でマルガレーテが崩御したためアサル家は断絶し、王位継承問題が生じた。

王位請求者は十三人に及び、収拾がつかなくなったので、内戦を恐れたスコットランド諸侯たちはイングランド王エドワードI世に調停を求めた。これを好機とみたエドワードI世は一二九一年五月、軍を率いて国境近くのノーラムに赴き、王位請求者とスコットランド諸侯を集めて調停への服従および、空位の間のスコットランド統治権を要求したところ、スコットランド諸侯はエドワードI世の兵力に圧されてこれを了承した。

イングランド王国は鎌倉幕府の、エドワードI世は執権北条氏の相似象である。結局、エドワードI世が選んだジョン・ベイリャルが即位したが、屈辱的な扱いに堪りかねてエドワードI世に反抗したため廃位される。その後のスコットランドは、イングランド王が送ってきた総督ジョン・ド・ワーレの支配の下に置かれることとなった。これは六波羅探題と朝廷の相似象で、これに反発して一二九七年にスコットランド独立戦争（第一次）が起こる。その詳細は省略するが、あたかも一三三一年の元弘の乱の相似象である。

ケルト人のウバイド西王統も幾つかに分岐したが、中軸はやはりスコットランド王家で、当時の王家はアサルの領主でダンケルド大修道院長だったクリナンの子のダンカンI世（在位一〇三四〜四〇年）に始まるアサル王朝であった。

ウバイド西王統の危機の本質は、グレートブリテン島の覇権をめぐるイングランドとの争いであるが、具体的にはアサル王朝の血統が断絶に瀕したことである。東西のウバイド王統は海陸のネットワークによって常に交信しているから、ブリテン島の情況は数カ月も経たずに東王統の日本皇室に伝わっていたとみられる。

南北皇統の秘密合一を図る「大塔《おおとう》政略」を建てたのは真言律（摩尼《マニ》）僧で醍醐寺座主の文観《もんかん》（一二七八年生まれ）と後醍醐[96]天皇（一二八八年生）で、実行段階で最も深く関わった近臣は、万《ま》里小路《でのこうじ》藤房《ふじふさ》（一二九六年生）ほか、北畠親房《きたばたけちかふさ》・日野資朝《すけとも》らであった。

しかし、ここで見落としてならないのは、後醍醐の表面上の政敵とされた足利尊氏（一三〇五生）が、秘かに「大塔政略」の片棒を担いでいたことである。その尊氏を動かしていた武家護持僧が日野資朝《すけとも》の弟で醍醐寺座主日野賢俊《たかとし》（一二九九年生）であった。つまり、醍醐寺のトップとして宮（後醍醐）方の文観と武家（尊氏）方の賢俊が並立していて、「大塔政略」を進めるために裏で談合していたのが南北朝対立の本質である。

「大塔政略」は大覚寺・持明院両統の統合による國體体制の確立と、足利政体による国防力の強化を実現したが、その究極の目的は國體勢力の欧州進出であり、護良親王の直系子孫がウバイド西王統を継承して東西ウバイド王統を統合することにあった。

これが「建武の中興」で、一三三三年に北条政体を倒し、南北両統を秘密統合して唯一皇統と定めた大塔宮護良親王の王子・王孫を欧州に送り込んだのである。その子孫の一族が「欧州大塔宮」で、ベルギーを拠点にしてオランダに入り、子孫がヴュルムI世となった。

ところがウバイド西王統の古い分岐がアレモリカ（ブルターニュ）半島に存在した。それがアレモリカの小豪族フラールドである。ノーマン・コンケストについてイングランドに移住したフラールドの子孫がアサル朝スコットランド王の世襲執権（王室執事長）に就いていたが、六代目のウォルター・ステュアートがブルース家のロバートⅠ世（在位一三〇六～二九年）の娘マージョリーと結婚する。

そこへロバートⅠ世の子エドワードⅡ世が男子なくして急死したので、マージョリーとウォルター・ステュアートの子が推戴されて即位し、スコットランド王ロバートⅡ世（一三七一～九〇）となった。ケルト系のウバイド西王朝が、この偶然から復活したのである。

スコットランドで復活した西王統は、オランダ・ベルギーの王室に入った欧州大塔宮とやがて結合するのだが、今は未詳な部分が多いため、本稿で述べることができない。

「アルザスのユダヤ人」と噂される欧州大塔宮と在欧後南朝

上原勇作がジルベール・ポンピドーと秘密結婚していた時期は、明治十四（一八八一）年春から十八年末にかけて四年半にわたるフランス留学時代で、勇作の二十六歳から三十歳までの期間である。

勇作が在欧ワンワールド結社に入会したのもこの期間であるが、入会がジルベール・ポンピドーとの秘密結婚とセットなのは、ポンピドー家がワンワールドに関係しているからである。

アルザス地方には古来、「アルザスのユダヤ人」と陰で噂される人々がいる。「ユダヤ人」とされるのはおそらく、かれらの風貌がどこか西欧人でないからであって、ユダヤ人がやらない農業を営むため「風変わり」を言い換えて「アルザスの」と形容されるのである。

ポンピドー家もその一つであるが、わたしが思うに、彼らはいわゆるユダヤ人ではない。それでは何者かというと、「アルザスのユダヤ人」とは、ウバイド東王朝の護良親王の末裔の欧州大塔宮一統か、これに随従して渡欧した後南朝皇統か南朝武士の末裔の「在欧後南朝」とみるべきである。

前述したフランスの砲兵将校でのちに参謀総長となったジュール・ブリュネの出身はアルザスで、しかもドイツとスイスに接したオー＝ラン県で染色・紡織産業の中心地である。

オー＝ラン県が欧州大塔宮の「特区」と思われる理由は、護良親王を護った後南朝勢が渡欧した時の事情である。護良親王王子を護った後南朝勢が、西大寺の國體黄金ファンドを携えたのはいうまでもないが、それだけではなく、大和国葛下《かつげ》郡當麻《たいま》荘で磨いた紡織・刺繡・染色のすぐれた技術があった。これをベルギーのフランダースに持ち込んで、欧州で豊富な羊毛を加工することにより、すぐれた毛織物を生み出し、欧州産業を一変させたのが、ベルギーが今も「在欧ワンワールド」の特区となっている所以である。

幕末から明治にかけてのジュール・ブリュネの動静は、彼を欧州後南朝の一員と観れば、スンナリと理解できる。「在欧ワンワールド」の指示を受けて来日し、幕兵を訓練したジュール・ブリュネが維新後に帰国せず、フランス軍を脱して北海道に渡り、榎本武揚の蝦夷共和国の樹立を支援したのは、在欧ワンワールドから「榎本を護れ」との指令を受けていたからとみるべきである。

在米メソジスト教団が資金を出した天津南開学校で聖職か教職にあったポンピドー牧師の故郷はアルザスである。このアルザス・ポンピドー家に至っては、娘ジルベールの秘密結婚の相手として、わざわざ日本から上原勇作を呼んだことから見ても、欧州大塔宮の一族と観て間違いないと思う。

大正の中頃（一九一〇年代）に支那人彭彼得《ぽんぴどー》の名で天津から入国したポンピドー牧師が拠点としたのは、警視庁特別高等課の内偵記録によれば、青山学院と神田メソジスト教会であった。青山学院はメソジスト派のミッションスクールで、紛れもないワンワールド系の学園である。神田メソジスト教会の関係者は、ポンピドーの帰国後に同教会の牧師となった民国留学生王希天で、南開学校三羽烏として王と並ぶ呉達閣と周恩来が、中華ＹＭＣＡに出入りしていた。

来日したポンピドーは姪すなわち上原勇作とジルベールの娘を伴っていた。父上原勇作と遇《あ》ったその娘がすぐに憲兵中尉甘粕正彦と愛人関係になったのは、上原勇作とポンピドー牧師の計らいである。あえていえば、ポンピドー牧師は姪に甘粕をあてがうために来日したのである。

甘粕正彦の実像は、ワンワールド結社との関係なしには解明できないが、これをフランスまで行って追究した大杉栄が、甘粕配下の兵士により落命するのである。その真因は、上原と甘粕がフランスで入った秘密結社を、後藤新平の依頼で渡仏して探索した大杉が記した文書を回収するためだったのである。

勇作の仏語研修は在欧ワンワールドに入るため

勇作のフランス留学の第一目的は在欧ワンワールドに入会することであった。その方針を決めたのは堀川御所の孝明先帝か晃親王で、それを受けてギンヅルは明治四（一八七一）年末に勇作を上京させたのである。在欧ワンワールドの人事方針が堀川御所にもたらされ、孝明先帝から人選を任された堤哲長が、ギンヅルの秘蔵っ子の上原勇作を推挙したものと思われる。

『元帥上原勇作伝』は、勇作が明治四年末の上京直後から軍人を目指していた、としきりに強調するが、そうは思えない。だいいち、それならば兵学寮の幼年学校に入れるべきであるが、実際は明治五（一八七二）年六月に大学南校に入学した。つまり、勇作の後見人ギンヅルはこの時、勇作を陸軍に入れるつもりはなかったのだ。

大学南校で二歳年下の貞愛《さだなる》親王と同級になった勇作を、欧州留学を図られた親王が随行に加えたいとの希望があり、勇作もこれを願ったが、野津道貫の反対で実現しなかったと『元帥上原勇作伝』にある。ところが翌年二月に「皇族自今陸海軍に従事すべく仰せ出でられ」たので貞愛親王はただちに南校を退校して兵学寮幼年学校に入校された。

明治五（一八七二）年の「陸軍兵学令」の改正に伴い陸軍兵学寮幼年学舎から独立する形で設立された幼年学校は、明治七（一八七四）年に兵学寮から陸軍士官学校を分離する時に「陸軍幼年学校」と改称された。

後見人の高島も野津も立場上陸軍の教育事情を知り抜いているから、もしそれ勇作が陸軍を目指していたのなら、迷うことなく幼年学校にねじ込もうとしたはずで、またそれが出来たはずである。それが不可能としても、明治六年には貞愛親王と同じく幼年学校へ転じるのが筋である。

ところが勇作の進路を決めたのは、野津でも高島でもなく実はギンヅルであった。ギンヅルと堀川御所が予定した勇作の将来は、「在日ワンワールドの首脳」となることで、そのためにフランス語の学習を最優先したのである。

『元帥上原勇作伝』によれば、野津（本当は高島）が、陸軍大佐武田斐三郎《あやさぶろう》に頼んで勇作にフランス語の特訓を受けさせた。五稜郭を設計したことで知られる武田は、測量設計シャーマンであるがフランス語にも秀でていたのである。

武田に将来の希望を尋ねられた勇作は、何と「海軍に入りたい」と答えたという。当時の日本では、海軍はイギリス式、陸軍はフランス式と決まっていたから、海軍へ入りたいのなら何を措いても英語でなくてはならない。さぞ武田は面食らったと思われるが、ようするに、ギンヅルからフランス語学習を命じられて上京した勇作に、将来の具体的な希望などなかったのである。

そこで明治五年に進学先を決める際、迷わず大学南校へ入れられた勇作は、同級生の貞愛親王が幼年学校に転じてもそのまま大学南校に通っていた。

陸軍幼年学校の開校は明治七（一八七四）年で、勇作のフランス語の恩師武田成章が苦心して実現したものだから、上原にその気があれば当然、入校できたはずだ。それをしなかった勇作が、明治八年に急に進路を転換して年齢詐称までして陸軍幼年学校に入学するのは勇作の進路が具体化し、陸軍軍人としてフランス留学させる方針が立てられたからである。

ちなみに、わたしの腑に落ちないのは、『元帥上原勇作伝』によれば、財部泉《たからべいずみ》なる人物が勇作の晩年の言として、「当時予が野津さんの言を聴かずに、伏見宮殿下に随行して欧州留学の望を達していたならば、今頃は宮内省の一官吏として終ったかも知れぬ」との教訓を毎度聞かされた、と語っていることである。

フランスで絵画修業中だった藤田嗣治

陸軍兵学寮幼年学校に入校された
貞愛親王

甘粕正彦の正体をフランスまで行って追究した
大杉栄

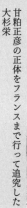

同書にはまた、勇作の随行に反対した野津道貫の判断を誉め、軍人上原勇作の運命を定めたというが、これも貞愛親王の洋行が実行されたことを前提にした話だ。

ところが、陸軍の記録に貞愛親王の洋行は見当たらない。幼年学校に入校した後は軍籍に入り洋行は経歴として記録されるのが原則である。

勇作の満洲探索行のように軍の機密に属する場合には記録はないが、右のように、貞愛親王の洋行が実行された状況証拠があるのに記録がないのは、いかなる軍機によるものか、わたしは知りたくてたまらない。

第十章

「台湾・先島経略」は大和ワンワールドの秘密国是

両西郷の密命を受けた樺山資紀の台湾探索

明治四（一八七一）年秋に台湾牡丹社《ぼたんしゃ》で起こった宮古島漂流民の虐殺事件が鹿児島に伝わったのは発生の一年後であった。これを聴いた鎮西鎮台鹿児島分営長の樺山資紀少佐が早速上京して両西郷に陳情し、その命を受けて単身台湾に渡り、民情を探索する活躍は、拙著『日本教の聖者・西郷隆盛と天皇制社会主義』に詳述したからここでは述べないが、その拙著に書き漏らしたことがある。

それは、樺山の台湾行の目的は、「ワンワールドの黄金ファンドの探索」ではなかったか、ということである。翻《ひるがえ》って、西郷隆盛が奄美大島に流刑を装って台湾島に密行したのも、島津斉彬の命を受けてワンワールド・ファンドを探索したとの想像もされるが、本稿ではこれ以上述べない。

明治七（一八七四）年に陸軍中佐に進級した樺山は、熊本鎮台参謀長として西南の役に従軍し、明治十一（一八七八）年に大佐に進級して近衛参謀長に就いた。これを知った大西郷は「司令官は谷だが、参謀長が樺山では熊本城はなかなか落ちまい」と嘆いた、と伝わる。その後明治十三（一八八〇）年に内務省に移った樺山は大山巌の後継の警視総監となり、陸軍少将に進級したのである。

当時、旧薩摩藩士が至るところで軍や政府の高官となっていたが、その中で上原勇作は、高島鞆之助と樺山資紀の二人に対して、とくに親近感を有するように見える。現に明治十四（一八八一）年にフランス渡航が決まった上原工兵中尉の歓送会を行なったのは、警視総監樺山資紀の代官山の別邸であったし、渡航を前に郷里に向かう上原が、その途次に訪ねて一泊したのは、熊本鎮台司令長官の高島鞆之助少将であった。上原と高島・樺山との深い関係にギンヅルが関わっていることは間違いないが……。

この十四年後に台湾総督および副総督となった樺山と高島が、その地位において秘密裡に決したのが「台湾アヘン政策」で、それが後日上原勇作と吉薗周蔵の生涯に大きく影響するのであるが、「周蔵手記」に記すように、「海と陸は絶対に一緒にしてはならない」との鉄則を守り、海軍は山本権兵衛と南郷次郎《なんごうじろう》だけにして、樺山資紀には近づかなかったようである。

■――上原勇作の軍歴の出発点・日清戦争

日清間に戦雲が立ち込めた背景は、朝鮮半島の支配権を日清両国が争ったことである。日本は古来、大陸勢力に対する緩衝地帯として朝鮮半島を見ていたが、帝国主義の進展によりその重要性が高まってきた。もはや緩衝ではすまされず、直接領有する方針を挺したのである。

明治二十七（一九九四）年六月一日、参謀本部内に大本営が設置され、五日付で野津道貫中将率いる第五師団に動員令が下り、師団の一部が混成旅団に組み入れられた。

参謀本部副官上原勇作少佐は、同七日付で在朝鮮国日本公使館附心得（駐在武官）として京城《けいじょう》（現ソウル）に派遣され、福島安正中佐と共に特別任務を帯びて軍事外交の衝に当たる。六月八日には清国兵が牙山《がさん》に上陸し、日本軍も遅れじと仁川《じんせん》に上陸する。戦雲いよいよ慌ただしく、七月十二日には第五師団の残部にも動員令が出た。

七月二十三日、京城事変が起きる（宣戦布告なく戦闘が始まるのを「事変」という）。朝鮮の宮殿に入ろうとした大島公使が韓兵に阻まれたことで、軍事衝突が生じたのである。上原少佐は、二十八日に成歓《せいかん》で、二十九日には牙山で、清国軍との戦闘に参加して参謀任務に服した。

成歓・牙山の戦闘で日本軍が清国軍に大勝し、このことが、事大主義を本領として清国の顔色を窺うばかりの朝鮮政府に大きな衝撃を与えた。この戦闘は、日清戦争の前哨戦に過ぎぬ局地戦であったが、その物質的・精神的成果は多大のものがあったのである。

明治二十七（一八九四）年八月一日、日本は清国に宣戦を布告した。ここに日清戦争が勃発したが、九月十六日には早くも京城が陥落し、戦争の舞台は満洲平原に移る。

これに先立つ五月十二日、本稿の主人公吉薗周蔵が宮崎県西諸縣郡小林村字堤の吉薗家で生誕していたことは、特記しておかねばなるまい。

九月一日に第一軍の編成なり、司令官山縣有朋大将は麾下の第三師団長桂太郎中将を伴って海路京城に向かうが、高陽駅に到着した九月十六日に早くも平壌陥落の捷報に接した。

山縣司令官の朝鮮上陸後、在韓軍の行動はすべて第一軍の統制に服することとなり、参謀次長川上操六中将は第五師団長野津道貫中将に電報を発し、第三師団の来着を待って平壌攻撃を開始することを命じた。

しかるに野津師団長は、「攻撃準備すでに成り、予定の計画を変ずること能《あた》わず」と返電したうえ独断専行で攻撃を開始し、たちまち平壌を陥落した。すこぶる短兵急な作戦であったが、『元帥上原勇作伝』は、当時の朝鮮政府の日和見《ひよりみ》的な性格と、清国軍の専守防戦的な退嬰《たいえい》さを見抜いた上のことで、野津師団長が第一軍参謀上原少佐の意見を採用したものと、褒めている。

上原は九月二十五日付で工兵中佐に進級、野津中将も十二月十九日付で、山縣有朋の後任として第一軍司令官に補せられた。

宿願の台湾領有を果たした下関講和条約

明治二十八（一八九五）年三月十二日、第一軍司令官野津道貫は陸軍大将に進級し、同二十

日に上原中佐も第一軍参謀副長に補せられたが、戦争の大勢は決しており、清国講和全権大臣李鴻章《りこうしょう》と伊藤博文首相および陸奥宗光外相が、この日下関・春帆楼《しゅんぱんろう》において談判を開始した。

四月十七日に下関講和条約が調印され、その第二条において台湾などの領土割譲が決まる。台湾割譲を要求する日本に李鴻章は、「台湾を抱えたらお宅は苦労しますよ」と冷笑したが、その理由は、阿片《アヘン》中毒者が多くて治安が極めて悪いことである。加えて、高温多湿の熱帯式気候の台湾島にはマラリア・コレラ・赤痢・チフスなど恐ろしい風土病が蔓延していた。

それでも日本が台湾の領有を欲したことを、史家は、石炭を燃料とする軍艦のための石炭と水の供給基地を必要としたからというが、果たしてそれだけか？

日清戦争の目的が遼東半島の領有でなく、実は台湾島の確保にあったことを、初めて明らかにしたのが拙著『日本教の聖者・西郷隆盛と天皇制社会主義』であるが、この観点は落合流のワンワールド史観によって初めて理解できるのである。

新領土の台湾を統治するため台湾総督府を置くこととなり、明治二十八（一八九五）年五月十日、海軍軍令部長樺山資紀中将が海軍大将に進級して初代台湾総督に補せられた。

同月二十一日に台湾総督府仮条例が制定され、旅順に駐屯していた近衛師団が台湾授受のために十隻の輸送船に分乗して台湾に向かう。二十九日、近衛師団長北白川宮能久《きたしらかわのみやよしひさ》中将と共に台湾に上陸した樺山総督が、六月二日に基隆沖の横浜丸船上において清国全権李経方《りけいほう》と会見し、台湾授受式を行なう。

台湾では、割譲を機に各地で混乱が起こった。下関講和条約の調印後、列強の干渉を利用して台湾割譲を阻止しようとする清国政府の外交工作の中で、台湾巡撫の唐景崧《とうけいすう》が五月二十五日に「台湾民主国」の独立を宣言し、自ら総統に就いた。だが、唐の本音は本土商人の財産確保にあったから、わが近衛師団との戦闘もおざなりで、恐れるに足りなかった。

遼東半島の還付要求が成功した独仏露の三国および英国は、台湾民主国を承認せず台湾の日本への割譲を認めた。ここで思うに、日清戦争は在英ワンワールドが日本に台湾島を領有させるために起こさせたもので、遼東半島は予定外のため三国干渉を用いて還付させたが、台湾島の割譲はむしろ推進していたのである。

その一証は、下関談判の最中に外務大臣陸奥宗光の宿舎に押しかけた杉山茂丸が、「遼東半島を決して貰うてはいけない」と談判の方針を指図したことである。外務大臣が外国との談判中に、白面布衣《はくめんほい》の青年が押しかけてきたのを異とせず、これに面会して耳を傾ける陸奥の態度は、杉山の背後を知っていたからである。

陸奥は、上海在住の英商シーワンを通じて在英ワンワールドの首脳に繋がる杉山が在英ワンワールドの意向を伝えにきたことをたちどころに覚ったが、遼東半島の放棄は台湾領有の承認と抱き合わせであった。

台湾領有は「台湾・先島経略」を立てて以来、永年機会をうかがってきた「大和ワンワールド」の悲願だったのである。それは、単に台湾島という島嶼部の陸地を確保したことよりも、釜山（草梁倭館）から対馬→長崎→鹿児島→琉球（沖縄）→先島諸島→台湾→香港と連なる海上交易ルートを確保したことが大和ワンワールドの「台湾・先島経略」の基本として最重要だったからである。

なお、この重要性は今日いささかも減じていないから、台湾は固《もと》より、南沙列島も尖閣諸島もこの文脈で考えねばならないのである。明治七（一八七四）年の台湾征討で先島諸島の領有を確定した日本は、明治二十八（一八九五）年に台湾の領有を確定したことで「台湾・先島経略」が完全に軌道に乗り、在日ワンワールドの悲願は達成した。これを、わがことのように熱望していた島津斉彬はさすがに生きていないが、腹心西郷隆盛はいまだ六十八歳であるから、その生死は微妙なところではある。

■――黒旗将軍・劉永福の激しい抵抗を平定した高島副総督

ともかく近衛師団の攻撃の前に台湾民主国の首脳陣の逃亡が相次ぎ、台湾自立による割譲阻止策は失敗した。

聖徳記念絵画館壁画に描かれた下関・春帆楼での日清講和談判

横浜丸艦上での台湾授受式を行なった近衛師団長・北白川宮能久中将

清国講和全権大臣・李鴻章

ところが台南《たいなん》には清朝政府から台湾防衛を命ぜられた黒旗軍《こっきぐん》の将軍劉永福《りゅうえいふく》が駐屯していた。元は反清秘密結社天地会の一員だった劉永福は、辺境の武装組織の黒旗軍に参加したが、清朝正規軍に駆逐されて逃げ込んだベトナムで清仏戦争に際会するや、西太后《せいたいごう》の密命を受け、黒旗義勇軍を率いてフランス軍を駆逐したので、一等義勇男爵に叙せられたのである。

六月五日、両広総督張之洞《ちょうしどう》が台湾巡撫唐景崧に対し、「台湾民主国総統の印綬を劉永福に渡して大陸へ引き揚げよ」と訓令したが、翌六日に基隆《きりゅう》は陥落し、清朝の元高官らは倉皇《そうこう》として中華本土へ引き揚げてしまうと、残された三万五千の清国兵が略奪乱暴の限りを尽くした。

これを憂慮した台湾の有力商人が、治安回復のため日本軍に早期入城を要請したので、清軍の残兵を掃討した日本軍は降伏兵を大陸に送還し、六月十七日に台北城内に入って閲兵式を行ない、総督府始政式を執行した。

明治二十八年六月十九日に南進を開始した日本軍は、台北《たいほく》から新竹《しんちく》までの間で住民の激しい抵抗を受けるが、同二十二日に新竹が陥落するや一変して歓迎を受けた。

しかし、住民の抵抗や後方攪乱はその後も収まらず、一個師団では足りずと判断した樺山総督は六月二十八日、大本営に対して一個混成旅団の増援を請求した。一方、台南商人から地方住民の頭領を要請された劉永福は、これを承諾して台南郊外の安平《あんぺい》に移ったが、以後は台湾ゲリラの首領として日本軍に徹底抗戦する。

ゲリラ化した住民相手の平定は難航した。日本軍は激しい掃討を行なったが抗日勢力も引き下がらず、樺山総督は七月十三日、大兵力を用いて台北・新竹間を鎮圧することを決意し、十八日に民政から軍政への移行を指示した。

八月六日に台湾総督府仮条例を廃止した樺山総督は、軍令をもって台湾総督府条例を制定し、民政を一時中止して軍政を施行することとした。また、台南平定に必要な南方作戦に対応するため副総督を置くこととし、予備役から現役中将に復帰した枢密顧問官高島鞆之助が八月二十一日付で台湾副総督に任命された。

台湾では、この頃からマラリアなど風土病が蔓延し、そのため南進は一時中止となる。九月七日、台湾兵站部と近衛師団、および到達予定の第二師団をもって再編成された南進軍が、高島副総督の指揮下に入る。

近衛師団は、師団長北白川宮能久《よしひさ》親王中将が南進部隊を率いて陸路南下し、混成第四旅団は旅団長伏見宮貞愛《さだなる》親王少将が率いる上陸部隊により基隆に上陸、第二師団も師団長乃木希典中将が上陸部隊を率いて上陸することとなった。九月十七日、南進軍司令部が南進作戦計画を決定し、二十二日に南進命令が下るが、悪天候のほかに風土病が猖獗《しょうけつ》し、二十九日には近衛師団第二旅団長山根信成《のぶなり》少将がマラリアで病死した（十月一日付で男爵）。

その後も各地で激戦は続くが、十月十九日に劉永福が苦力《クーリー》に変装してイギリス船でアモイに逃れるに至り、台湾民主国は滅亡した。高島が台湾副総督に就いてちょうど二カ月目に当たる十月二十一日に安平が陥落した。

台湾領有の恩賞は山縣・西郷・大山・伊藤・樺山らに

台湾平定もようやく成った十月二十八日、近衛師団長・中将の北白川宮能久親王が台南で薨去された。原因はマラリアとされるが、コレラ・チフスによる病死説に拳銃自殺説・抗日ゲリラによる暗殺説のほか、もっと奇怪な噂もある。薩軍に暗殺されたというのである。

何しろ慶応四（一八六八）年には薩長とは敵味方で戊辰戦争を戦った相手の寛永寺宮が、維新後に赦《ゆる》されて能久親王になったのだから、当時の遺恨が残っていたというのである。もっとも、軍医森林太郎（鷗外）の診療記録に「キニーネの投薬」を記すところから、マラリア罹患は確かかと思われる。

戦病死された北白川宮は十一月一日に大勲位菊花章頸飾および功三級金鵄勲章を受勲し、同四日付で陸軍大将に特進した。北白川宮は伏見宮邦家親王の第九子で久邇宮朝彦王の弟にあたり、生母は堀内氏である。

安政六（一八五九）年に得度して輪王寺宮公現《こうげん》法親王と呼ばれ、慶応三（一八六七）年五月に江戸に下って上野寛永寺に入り、日光輪王寺門跡・天台座主となった。翌年、幕臣の彰義隊に擁立されるが敗戦して東北に逃れ、仙台藩が中心となった奥羽越列藩同盟の盟主となる。このとき東武皇帝を称したことは諸藩の記録にあり、アメリカの新聞にも報じられた。

明治二（一八六九）年に蟄居を解かれ、翌年五月伏見宮家に復帰する。明治三年からプロシアに留学し、留学中の五年三月に北白川宮家を相続して能久親王と呼ばれた。九年十二月ドイツ貴族の未亡人ベルタと婚約して政府に許可を求めたが、逆に帰国を命じられ、十年七月プロシア陸大を中退して帰国する。

帰国後はベルタとの婚約を破棄して軍務に勤《いそ》しみ、ドイツ学協会初代総裁となり、今の独協大学を創立した。第一子が竹田宮恒久王で、その孫が現ＪＯＣ会長竹田恒和で、曾孫が竹田恒泰である。

明治四年十一月六日に南進軍の編成を解いた樺山総督は十八日をもって大本営に台湾平定を報告し、十二月四日に内地に凱旋した高島副総督は翌五年四月二日、第二次伊藤内閣が台湾総督府を監督するために設置した拓殖務省の初代大臣に就く。

樺山は翌年六月二日に台湾総督を罷めて予備役に編入、枢密顧問官になる。それまでの二カ月間は台湾総督として高島拓殖務大臣の監督下に在ったのである。

南進軍は陸戦をこととするため、司令官は樺山よりも高島が適任で、たまたま樺山が総督に就いていたから、高島が副総督となったのであるが、中将としては高島がはるかに古参であった。戦闘指揮官としての能力は自ずから証明されている。

十一月六日に南進軍の編成を解いた樺山総督は十八日をもって大本営に台湾平定を報告した。十二月四日に内地に凱旋した高島副総督は翌年四月二日、第二次伊藤内閣が台湾総督府を監督するために設置した拓殖務省の初代大臣に就く。

樺山は六月二日に台湾総督を罷《や》めて予備役に編入、枢密顧問官になる。したがってそれまでの二カ月間は台湾総督として高島拓殖務大臣の監督下に在ったのである。

台湾で南進軍が苦闘していた八月五日、早くも日清戦争の功績を賞する叙爵があり、勲功により伊藤博文が、また軍功により大山巖・西郷従道・山縣有朋が、揃って侯爵・勲一等旭日桐花大綬章を受けた。また、同じく軍功で樺山資紀・野津道貫が伯爵・勲一等旭日大綬章に、川上操六・伊藤祐亨《すけゆき》が子爵・勲一等旭日大綬章に、それぞれ陞爵《しょうしゃく》と受勲を受けた。

しかし、終戦直後の八月二十一日に現役中将に復帰して台湾副総督に任ぜられ、以後十一月六日まで二カ月余り南進軍を直接指揮しながら難渋極まる状況のなかで風土病および悪天候とゲリラと戦い、これを平定した高島には何の恩賞もなかった。明治二十四（一八九一）年五月に陸相に就き日清戦の備えをなした高島は、翌年八月に大山巖に譲って予備役編入になった。

その後は枢密顧問官で日清戦役に従軍しなかったから八月五日の陞爵・叙勲に挙がらなかったのである。

國體参謀になった高島鞆之助

日清戦争後も拓殖務大臣・陸軍大臣を歴任し、政府と陸軍の要職を長く勤めた高島が、これだけの大仕事をしながら、生前にはついに陞爵・進級の沙汰がなかったのは腑に落ちない。

高島鞆之助は大臣を歴任するより前の明治二十（一八八七）年に、すでに勲一等旭日大綬章を受けていたが、陸相として準備した日清戦が勝利を収めたことと、日清戦後の台湾平定はどう見ても新たな功績というべきであるが、結局何らの恩賞はなく、その後陸相に再任して準備した日露戦の勝利の恩賞にも与《あずか》れず、薨去に際しては正二位追贈のほかに勲一等旭日桐花大綬章を受章しただけである。

常に高島の後塵を拝してきた樺山と野津が元帥・侯爵に昇ったのに、高島が中将・子爵に止まったのを、晩年の「発育障害」と酷評する史家が多いが、真相は別にある。「大和ワンワールド」の國體参謀となった高島は、日本政体の爵位や勲章の及ばない次元に、すでに入っていたのである。

吉井友実が薩摩ワンワールド総長を高島に譲った時期は、むろん明治二十四（一八九一）年四月の吉井の薨去以前であるが、具体的には吉井が宮内次官を辞めて枢密顧問官に就いた二十一（一八八八）年四月あたりと見るべきであろう。当時の高島は、明治十八年五月以来、大阪鎮台司令官（二十一年五月の官制変更により第四師団長）を勤め、明治二十一年に偕行社附属小学校を創立するなど軍人の枠を超えた教育家・行政家としての実績を積み、有数の軍政家として令名を馳せていた。

大西郷の後継として評価が定まった高島は、吉井薨去の翌月に大山巌に代わって第一次松方内閣の陸相に就き、名実ともに薩摩ワンワールドの総長となったが、翌二十五（一八九二）年に大山巌に陸相を戻し、当年四十九歳で枢密顧問官に専心する。これが國體参謀の定席のようである。

台湾副総督で現役に復帰し拓植務大臣となった高島は、明治二十九（一八九六）年九月に陸軍大臣を兼任して日露戦の準備に当たるが、明治三十一（一八九八）年一月、長州閥の桂太郎に追われる形で陸相を辞める。以後は枢密顧問官として公的活動から全く遠ざかるのは、台湾領有により國體事業が多忙になったからである。

これを示唆するのが明治二十九（一八九六）年からたった一年間しか置かれず、高島の一代だけで廃止された拓殖務大臣である。明治二十九年四月二日に台湾総督府の監督を目的として設置された拓殖務省は、行政機関の整理を名目に翌年九月二日に廃止され、その後の台湾総督府の監督は内務省が管轄することとなった。

初代台湾総督となった海軍大将樺山資紀の下の副総督から、今度は樺山総督を監督する拓殖務大臣になったのが高島である。この二人は連携して、台湾総督府の最重要事業すなわち樟脳《しょうのう》の専売制と、砂糖製造業の近代化、アヘン患者への専売制を構築し、これが後藤新平らの台湾総督府行政の根本を定めるのである。

台湾領有により大きく変化した日本の産業界

台湾領有の影響を受けて日本産業界には変化が訪れた。変化は、まず樟脳業・製糖業・ケシ栽培に現われた。明治三十二（一八九九）年、台湾総督府は樟脳と食塩に関する専売制を実施し、神戸に拠点を置く砂糖・樟脳商の鈴木商店に台湾樟脳の六五％の販売権を与えた。樟脳は当時、当時の先端物資ベークライトの原料であり、最新兵器の無煙火薬の原料としても必須の最重要物質であった。

お家《いえ》はん（未亡人）を店主と担いだ鈴木商店は、これを機に異常な発展を遂げて大正経済界の最大の惑星となった。巷説では大番頭金子直吉が独断指導したとされる鈴木商店は、実は日高尚剛の母方の縁戚の煙草業者（安達リュウ一郎）が陰から牛耳《ぎゅうじ》っていたと伝わる。つまり、鈴木商店の実態は世間の想像とまったく異なり、実は薩摩ワンワールド傘下の企業として台湾利権に深く関わっていたのである。

当然、台湾総督府民政長官後藤新平ともつながっていたわけで、ここから後藤と薩摩ワンワールドとをつなぐ秘められた関係も窺える。

製糖業は台湾産業の根幹である。台湾では、玄洋社のオーナーの國體参謀のひとりで堀川辰吉郎の後見役杉山茂丸の提案により、明治三十三（一九〇〇）年、三井物産の益田孝の出資により台湾製糖が設立された。

内地では発明家鈴木藤三郎の個人経営を基盤にして明治二十八（一八九五）年に設立された日本精製糖が、明治三十九（一九〇六）年に渋沢系の日本製糖と合併して大日本製糖となり、同年台湾に進出したが、その後は過剰輸入・放漫経営により経営は危機に瀕していた。

これより先の明治三十五（一九〇二）年、政府は有効五年の時限立法「輸入原料砂糖払戻税法」を制定して内地製糖業者を保護していたが、大日本製糖がその四十四年までの期間延長を願い、大規模な議員買収を行なったのが明治四十二（一九〇九）年の「日糖事件」である。これにより倒産寸前に陥った大日本製糖を建て直すべく、渋沢栄一は長崎出身の実業家藤山雷太《ふじやまらいた》に経営参加を懇請した。藤山は直ちに台湾に進出し、生産規模を拡大して瞬く間に日糖の経営を建て直したが、巷間には桂太郎首相兼蔵相を籠絡し、大いに便宜を得たとの噂がある。

その詳細は未詳で、桂が台湾を舞台に何かの便宜を図ってやったこともあるだろうが、実際には國體参謀として、台湾利権の深奥を管理していた元陸相高島鞆之助と元海相樺山資紀の両枢密顧問官が、藤山雷太に特殊の便宜を与えたとみるべきであろう。

台湾進出により巨大企業となった大日本製糖はこれ以後、薩摩ワンワールド系の主要企業となる。戦前の日本大企業の番付上位を占めた会社のほとんどが製糖・紡績だったことを見ても、その重要性が分かるであろう。

台湾利権を掌握していた高島にとっては、巷間言われるような家政の窮乏は、ワンワールド系の特権事業に携わっていた実状を隠蔽するための見せ掛けではなかったかと思う。

アヘンに関しては台湾は生産に適さなかったが、巨大な需要地で、これに関する台湾総督府の漸禁政策が見事に奏功したことを知らぬ者はない。内地でも、水田裏作の畑作物としてケシの重要性が認識されていたが、全国的に広がったのは、欧州大戦によりアヘンの輸入が途絶してからである。

以上が明治・大正の過渡期、すなわち上原勇作が陸相に就いた時期の「大和ワンワールド」の様相であった。

薩摩ワンワールドの三代目総長・上原が受けたアヘン任務

明治四十五（一九一二）年四月五日に陸相を拝命するまでの上原の経歴を遡れば、四十一（一九〇八）年十二月からの四年弱が師団長として田舎回り、その前は三十九（一九〇六）年二月から三年弱の陸軍工兵監、その前は野津第四軍の参謀長として日露戦役に従軍していた。これでは何ぼなんでも、民政や経済に関わる暇も機会もない。

大正元（一九一二）年四月に陸軍大臣を拝命した上原勇作は、八月二十二日、上総一ノ宮の別荘で引見した吉薗周蔵に、「草になって、アヘンを植えてくれ」と頼む。高島鞆之助が薩摩ワンワールドの総長の座を上原に譲ったのはその頃で、上原がケシ栽培とアヘン研究に急遽乗り出したのはまさにその事と関係しているのである。

大正二（一九一三）年六月八日、周蔵が熊本における実験栽培で得た初収穫のアヘン七〇グラムを届けると、その翌日付で病気休職が決まっていたのにも関わらず、上原は「これからも頑張れ」と、大枚一千円を賞与して周蔵を驚かせた。

つまり上原は、陸軍での地位が今後どうなろうとも、アヘン事業を進めることを決意していたのである。これはギンヅルと日高尚剛が、枢密顧問官高島鞆之助の意を受けて、上原をそのように誘導したと観てよい。上原が陸相に就き、政治活動ができる立場になったのを機に、高島は大和ワンワールドの薩摩派総長の座を譲ったのである。

増師問題を閣議で否決され、大正元（一九一二）年十二月二十一日付で願いにより陸相を辞した上原勇作は、陸軍分限令により待命を命ぜられて故郷都城に帰省し、鹿児島城下山下町の日高尚剛邸に静養した。明けて大正二年三月一日付で第三師団長に補せられた上原は、赴任の途上に病気を発して大阪赤十字病院に入院、加療三カ月に及び、結局名古屋には赴任しないまま、六月九日付で再び待命を命ぜられた。

ギンヅルから託されたケシ粉と浅山丸を届けに行った周蔵が、大阪赤十字病院で出逢った高島鞆之助から、「将来のことは上原を頼ってよい」と諭された周蔵は、その一言で〝草〟になる決心を固め、鉄道学校に籍を置きつつ熊本医専でケシの研究栽培を始めたのである。

わたしは直接確認できていないが、明治時代にアヘン財閥サッスーン家から、日本政府にアヘンを取り扱うようにとの提言があったことが、帝国議会の議事録にある、という。

これは、明治三十五（一九〇二）年に締結した日英同盟により、地政学的海洋勢力の東半分を分担することとなった大日本帝国に軍艦建造を中心とする軍備費の獲得法を教えようとしたものと思われるから、その時期は明治末年であろう。

以後の日本は軍備費の調達をアヘンの製造と販売に求めることとなり、コカインを含めて、世界有数のアヘン事業を陸海両軍が展開するのである。上原元帥のもとでその一翼を担ったのが吉薗周蔵で、後藤新平の指導の下でケシの増産に尽くしたのが、前述の二反長音蔵《にたんちょうおとぞう》であった。

陸軍三長官となった上原勇作

病気により第三師団長を辞して待命中の陸軍中将上原勇作は、十カ月後の大正三（一九一四）年四月二十二日、陸軍教育総監として陸軍中央に復帰した。教育総監は維新時期の監軍《かんぐん》から発した職で、陸軍大臣、参謀総長と並ぶ陸軍三長官の一つである。

七月二十八日、セルビアのフリーメイソン会員の青年プリンチップが、オーストリア皇太子夫妻を狙撃して、欧州大戦の幕を開いた。八月、ロシアと連合した英仏がドイツ・オーストリアと開戦して戦争は本格化する。わが国も八月十五日、ドイツに最後通牒を発して参戦したが、大正四年一月三日、青島《チンタオ》出征軍は凱旋し、日本の参戦は一応終わった。

教育総監として戦役事務に鞅掌《おうしょう》した上原は四年二月大将に進級、軍事参議官を兼ねた。七月十日、三年目のケシの収穫を届けてきた吉薗周蔵に、上原教育総監はようやく本音を吐いた。「阿片《アヘン》は極秘の重要戦略物資である。自給が出来なければ、それが軍の敗因となる。陸軍はどうしても自給体制を立てねばならぬ」

その翌日、上原の長女で十九歳の愛子は、内務官僚の徳島県警察部長大塚惟精《いせい》に嫁した。大塚は、後に栃木・福岡・石川県の知事を歴任し陸軍司政長官になるが、戦時中広島県知事から中国地方総監になり、原爆で死去した。

十一月十日、京都において大正天皇即位の大礼が挙行され、参列のために京都に赴いた子爵高島鞆之助は、宇治観月橋畔の高島友武邸に滞在した。高島友武は吉井友実の次男で鞆之助の養子となっていたが、当時は陸軍少将で京都十九旅団長であった。病を得た鞆之助は、そのまま友武邸に滞在、静養していたが、病態が急に悪化し、大正五（一九一六）年一月十一日をもって薨去した。

同年十二月十七日、陸軍大将上原勇作は陸軍教育総監を罷め陸軍参謀総長に補せられた。後任の教育総監は津軽藩士出身の一戸兵衛《いちのへひょうえ》大将で、日露戦では乃木第三軍隷下の金沢第六旅団を率い、第一次旅順《りょじゅん》総攻撃で唯一旅順本要塞を占拠した猛将ながら、隠忍自重・思慮周到の名将である。前任参謀総長の元帥長谷川好道は陸軍長州派の中心人物の一人で、日露戦役の最中の三十七（一九〇四）年六月、乃木希典・児玉源太郎と同日に陸軍大将に進級し、戦役中は朝鮮駐箚《ちゅうさつ》軍司令官として韓国統合を進める役割を成した。四十一（一九〇八）年に軍事参議官、四十五（一九一二）年一月には奥保鞏《おくやすかた》に代わって参謀総長に就き、四年近くもその座を占めたが、泰平の時期でもあり、さしたる業績もない。

大正四（一九一五）年に元帥府に列せられた長谷川好道は五年七月、欧州大戦における参謀総長の功績で伯爵に陞爵《しょうしゃく》し、十月には朝鮮総督に就き、八年八月まで在任したが、憲兵警察を駆使した武断ぶりが不評を極めたので辞任のやむなきに至る。従一位大勲位を賜わったが、今日その名を知る人はまずいない。

参謀総長上原勇作に課せられたのはシベリア出兵問題であった。大正六（一九一六）年十月にロシア革命が成就して、ロシアの政権はレーニンが掌握しケレンスキー内閣が成立したが、その翌月、ロシア労兵会が共和政府を顚覆《てんぷく》し、講和宣言を発した。

この時、日本をしてシベリアからロシア革命に干渉せしめんとの意図を持つ在英・在仏のワンワールドは、ドイツ・オーストリア軍に対しても、ロシアに代わって日本に当たらしめんとし、種々の工作を行なった。文豪サマセット・モームが来日したのも諜報活動のためである。また日本は日本で、対ロシア緩衝地帯をバイカル湖以東に設置することで、満蒙を完全に支配下に置くことを念願した。当初、日本のシベリア出兵にアメリカは反対したが、それは出兵の成果を日本が独占することを牽制したのである。

大正七（一九一八）年七月八日、米国大統領ウッドロー・ウィルソンから日本に、シベリア共同出兵への提議があり、十三日寺内正毅内閣は出兵を決議し、十五日には出兵に関する元老会議を開いた。十六日には外交調査会は出兵を議決、米国にその旨を回答するに至った。

付章

佐伯祐三と吉薗周蔵

周蔵を悩まし続けた佐伯祐三

そもそも、わたしが「吉薗周蔵手記」の解読にはまり込んだ契機は、吉薗明子から佐伯祐三絵画の真贋の判定を引き受けたからである。探求していくうちに、吉薗明子の背後にいる立花大亀和尚の目的は、佐伯絵画よりも日本史の真相の探究にわたしを誘導することにあると覚ったが、そのときはもう歴史研究からは抜け出せなくなっていたのは、すでに十五年も経っていたからである。

右の事情で始めた「周蔵手記」解読が進むにつれて、佐伯祐三関連の事項が史上の些事として片隅に追いやられたのは自然な流れである。たしかに些事ではあるが、佐伯祐三は幾つかの点で周蔵の悩みとなった。

その主なものは、周蔵の妹ケサヨが佐伯に誘惑されて管理下の周蔵資金から一万円を貢いだところ、佐伯の本心がカネだけにあったことを覚って自殺したことである。

また大谷光瑞の命令で佐伯祐三を指導するために学生結婚し、佐伯の原画に加筆して仕上げていた米子が、独自の画風を形成してきた祐三と激しく衝突して周蔵を悩ませたばかりか、これが祐三の死亡につながるのである。

わたしが追究する近現代史上では些事であっても、日本美術史上で大きな存在になった佐伯祐三、佐伯に最も関係が深かった周蔵との関係を、無視するわけにはいかない。

わが解読事業の総集成として歴史実相を解明する目的の本稿ではあるが、佐伯祐三を省くことは吉薗周蔵の本意に悖《もと》ると考え、ここに「付章」を設け、佐伯祐三と周蔵の関係を略述することとしたい。

「本願寺デハ、オカシナコト頼マル」

わたしが「周蔵手記」に関わることとなった切っ掛けの佐伯祐三についていちおう説明しなければならないだろう。以下は、周蔵が上原勇作から、佐伯祐三の面倒を見るように命じられた契機である。

大正六（一九一七）年の夏の盛りの一夜、吉薗周蔵は東京府下代々幡《よよはた》四七六番地にある二軒長屋の片方の家で、汗を拭いながら日誌を点けていた。この家は六月に欧州から帰国した周蔵が構えた二軒長屋の一軒で、隣には後藤新平の配下であった特務軍属の菅又主計の一家が住んでいた。

八月頭　上原閣下から　一度　築地本願寺へ行って　話聞いてほしか　と云われる。即訪ぬる。（略）
本願寺では　おかしなこと　頼まる。どうも　本願寺の中に多少　手ノ者がいるらしい。
△大阪から　坊主の二男が　美術學校に入るる道を　取ってほしい　とのこと。
これはどうしたものか。

吉薗周蔵は鉛筆を削りながら、築地本願寺（東京・築地に今も在る西本願寺東京別院）の寺僧と交わした先日の会話を反芻《はんすう》している。上官（運用者）の参謀総長上原勇作から「自分以外の仕事は　受くる気持のなかもんは　受くる必要はなかよ　無理はせんように」と言われていた周蔵は、この一件は断っても良いのである。

築地本願寺の用件は、末寺の住職の次男佐伯祐三を上野の美術学校（東京芸術大学の前身の東京美術学校）に裏口入学させてほしい、というのである。

できることなら力を試してみたいが、二十四歳の周蔵には、一人でやり遂げるだけの自信はなかった。

その人物は　取り合えずは　私塾に通う　と云うのである。難儀な話に　巻き込まれたと思い　早く片をつけよう　と考えるが　誰が一番良いか　迷う。山本閣下に　相談するのが良いか　と思い　若松氏に話す。何とかなる由。助かる。本願寺には　了解のこと　傳うる。

できる限りの努力を約して築地本願寺を辞去した周蔵は、この件を山本権兵衛閣下に依頼すべきかと思い、海軍に途を持っているという若松安太郎に相談した。若松は表向きは水産業者島田商会の支配人であるが、裏で陸軍の「手ノ者」（工作員）として使用する仮名であり、海軍では本名の堺誠太郎を名乗っていた。

八年前の明治四十二（一九〇九）年、受験資格のない自分を、祖母ギンヅルの頼みにより、熊本高等工業を受けさせてくれた山本閣下のことが念頭にあった。

若松は頷き、早速山本閣下に連絡を取ってくれたところ、「何とかなる」との返事を頂いた。意外に簡単で驚いたが、早速、本願寺には連絡した。

――佐伯祐三と周蔵の出会い

美校の裏口入学が何とかなる、という若松の言葉に安心した周蔵は、築地本願寺にいる佐伯祐三なる美校浪人に逢うことにした。

―八月三〇日、大阪の　本願寺系の二男という、佐伯祐三　という人物　と會う。―

八月三十日に築地本願寺で初めて会ったその佐伯祐三は、周蔵より四歳下の二十歳で、大阪人らしいよくしゃべる人物であった。今年の春に北野中学を出たが美校を受験せず、来年に備えるというのである。一般科目に自信がないので裏口入学させてほしい、というのである。

この工作は成功して大正七（一九一八）年の春、佐伯祐三は上野美術学校にみごと合格した。後日、依頼主の西本願寺の前門主の伯爵大谷光瑞に逢った周蔵は、「大谷さんともあろう者が、なぜ自分にこんなことを依頼したのか」と尋ねると、大谷は平然として、「それは君が海軍に強いと聞いたからだ。美校は〝海〟なんだよ」ということであった。

つまり大谷は周蔵の背後に山本権兵衛がいることを聞きこみ、周蔵の運用者の上原勇作に頼

佐伯祐三が吉薗周蔵の手配で裏口入学した上野美術学校（現東京芸大）

明治時代の築地本願寺

んだのである。

本願寺忍者だった佐伯祐三

結論をいえば、佐伯祐三は西本願寺の実質門主の大谷光瑞師が、北野中学時代から養成してきた本願寺忍者であった。祐三の出た光徳寺佐伯家が空海の母方の血筋と聞いて周蔵は驚くが、後年に民族学を研究した周蔵が、その際、空海の出た佐伯・阿刀家の正体を「修験サエキ」と気がついたかどうか興味があるが、どうだったのだろうか。

ともあれ、祐三が忍者であることを聴かされていた周蔵は、「周蔵手記」の中にさりげなく、「佐伯……犬・巻き込まれないように注意」と記している。

「犬」は「草」や「歩」とならぶ忍者の職掌の一つで、チョロチョロと徘徊して情報を拾い、あるいは工作を仕掛けるのである。周蔵がこの後、交遊する佐伯祐三はまさにその通りの人物であった。

佐伯祐三と周蔵の交遊は、到底本稿に書ききれないから、次巻をご覧ください。

おわりに

人間の数ある習慣のなかで最も続けにくいものは日記であろう。吉薗周蔵が大正元年八月に始めた「周蔵手記」をその後も続けられたのは、諜報員の心得として必須のものだからである。

大正二年の春に大阪赤十字病院に入院中の第三師団長上原勇作中将に罌粟《ケシ》粉と浅山丸を届けに行った周蔵は、勇作から「オマンは日誌を点けもすか?」と尋ねられ、「否」と答えたところ、「人間の感情は移ろい易く、すぐに忘れてしまうから、後日のために必ず書き留めて置かねばならぬ」と諭される。

勇作はさらに、「後日その日誌が他人の眼に触れた時、第三者を窮地に追い込むおそれがあるから、自分だけにわかる記号を作り、日時も作為的に変えておくことが肝心である」と教えたが、こののち、欧州へ渡る周蔵に同行して諜報技術の数々を授けた石光真清《いしみつまきよ》も、「過去の活動が発覚して窮地に立たされたとき、それが正当な任務遂行であったと証明してくれるのは、当時の日誌しかない」として「身を護るための日誌」の必要性を強調したので、周蔵は終生これを守り、死にいたるまで日誌を書き続けた。

周蔵が上原の「草」を引き受けたのは大正元年の夏であった。以後の周蔵は実に多彩な活動を行なうが、その間延々と書き続けた「周蔵手記」は、常に上原の教えを守り独特の記号や表現を用いている。そのため、最初は取りつきにくいが、独特の記号や表現の意味を発見すれば、その後の解読は楽になるのである。

もっとも、原文といちいち照らし合わせてその意味を説明しようとすれば、いきおい複雑になり、読者にとっても読むのに厄介である。それを敢えて実行したのが『ニューリーダー』誌連載のいわゆる「上編」である。日本近代史の最重要資料としてその単行本化が必要なことは言うまでもないが、それは後日のことにして、本シリーズでは「周蔵手記」の内容を事象ごとにまとめ、紀伝体として各事項を詳しく解説することとした。

「周蔵手記」に用いられた用語が、読者から見れば唐突なのは、周蔵が自身感じたものを何の解説もなしに用いるから当然のことである。このゆえに「周蔵手記」を正しく解読しようとすれば、その用語を正確に理解せねばならず、そのためには、その語句に込められた当時の社会事情を探らねばならないことになる。

近代史の常識では、日本のアヘン製造の嚆矢《こうし》は、アヘン漸禁政策を採用した台湾総督府が、アヘン常習者に配給するために作った専売制度とされている。いわゆる「総督府アヘン」であるが、それは史実の片面に過ぎず、その裏では陸軍大臣上原勇作が極秘裡にアヘンの自給策を企てたのである。

次にわたしが知ったのは、日本医学界が血液型分離法を採り入れた経緯である。これ実は上原勇作の命を受けた吉薗周蔵がウィーン大学医学部のラントシュナイダー教室に潜入し、血液型分離法の情報を本人から金五千円で買い取ってきたのが真相である。周蔵の報告を受けた東大医学部教授呉秀三が門下の陸軍軍医たちに伝えたのが、日本における血液型分離法の嚆矢をなしたことが、「周蔵手記」により明らかになった。

このことを教えてくれたのは、当時キリンビールの専務だった畏友荒蒔康一郎である。そこで知人の某医者に確かめたところ、この経緯を「学界の恥辱」と考える日本医学界は百年経った今でもその事実を公認しないので、一般人はもとより医学者でさえ大多数はその真相を知らないという。

つまり、ABO型分離法の伝来に関する歴史通説が誤っていることが、「周蔵手記」のわずか数行で明らかになったのであるが、詳しくは次巻で述べる。

この他、関東大震災下で大杉栄らを虐殺したとして有名な憲兵大尉甘粕正彦の裏面は固《もと》より、甘粕大尉による山縣有朋暗殺計画の未遂事件など歴史の通説が全く謂わないことが「周蔵手記」に記載されているし、同じく震災下で生じた亀戸の民国人行商の大量虐殺事件の真相も、史家が論ずるようなものではないことがハッキリするが、これらについても次巻に回すこととした。

落合・吉薗秘史シリーズの第一巻として本稿は、右に述べたような歴史的新事実の解説を次巻に回し、堤哲長や岩切氏ギンヅルなど吉薗周蔵をめぐる親族と、これに関連する重要人物を深部まで掘り下げることとした。さらに、これまで世界中で誰も説いたことのないウバイド・ワンワールドの秘史にまで踏み込んだのは、結局のところ、ここまでしないと、「周蔵手記」が記載する各事項が精確に理解できないからである。

次巻以後は、その各事項を項目ごとにまとめ、時系列に沿って述べるつもりである。さしずめ次巻は周蔵がライフワークとした「純質アヘン」から始めるが、本稿によってウバイド・ワンワールドの歴史を認識された諸兄姉には、次巻以下の理解は容易であろうと信じる。

ここに落合・吉薗秘史シリーズの第一巻の筆を措くわたしは、『ニューリーダー』平成八年四月号に「上編」第一回を掲載して以来、二十一年目にして単行本を公刊できたことに、万感胸に迫る思いを禁じ得ない。これを実現していただいた成甲書房社主の田中亮介さんに深く感謝するしだいである。

〔了〕

◉著者について
落合莞爾（おちあい かんじ）
1941年、和歌山市生まれ。東京大学法学部卒業後、住友軽金属を経て経済企画庁調査局へ出向、住宅経済と社会資本の分析に従事し、1968〜69年の『経済白書』の作成に携わる。その後、中途入社第１号として野村證券に入社、商法および証券取引法に精通し、日本初のＭ＆Ａを実現する。1978年に落合莞爾事務所を設立後は経営・投資コンサルタント、証券・金融評論家として活躍。日本および世界の金融経済の裏のウラを熟知する人物として斯界では著名な存在である。近年は京都皇統からの仄聞情報を基にした日本史に関する見解を「落合秘史」として発表し続けている。著書に『先物経済がわかれば本当の経済が見える』（かんき出版）、『天才画家「佐伯祐三」真贋事件の真実』（時事通信社）、『教科書では学べない超経済学』（太陽企画出版）、『平成日本の幕末現象』『平成大暴落の真相』『ドキュメント真贋』（いずれも東興書院）、『金融ワンワールド』、「落合秘史シリーズ」として『明治維新の極秘計画』『南北朝こそ日本の機密』『国際ウラ天皇と数理系シャーマン』『奇兵隊天皇と長州卒族の明治維新』『京都ウラ天皇と薩長新政府の暗闘』『欧州王家となった南朝皇統』『日本教の聖者・西郷隆盛と天皇制社会主義』『ワンワールドと明治日本』、國體古代史に敢然と挑んだ『天皇とワンワールド（国際秘密勢力）』『天皇と黄金ファンド』『天孫皇統になりすましたユダヤ十支族』（いずれも成甲書房）がある。

落合《おちあい》・吉薗秘史《よしぞのひし》［1］

「吉薗周蔵手記《よしぞのしゅうぞうしゅき》」が暴《あば》く日本《にほん》の極秘事項《ごくひじこう》

解読《かいどく》！陸軍特務《りくぐんとくむ》が遺《のこ》した超一級史料《ちょういっきゅうしりょう》

◉著者
落合莞爾《おちあいかんじ》

◉発行日
初版第1刷　2017年5月10日

◉発行者
田中亮介

◉発行所
株式会社 成甲書房

郵便番号101-0051
東京都千代田区神田神保町1-42
振替00160-9-85784
電話 03(3295)1687
E-MAIL　mail@seikoshobo.co.jp
URL　http://www.seikoshobo.co.jp

◉印刷・製本
株式会社 シナノ

©Kanji Ochiai
Printed in Japan, 2017

ISBN978-4-88086-357-3

定価は定価カードに、
本体価はカバーに表示してあります。
乱丁・落丁がございましたら、
お手数ですが小社までお送りください。
送料小社負担にてお取り替えいたします。

官製教科書史観への敢然たる挑戦！〈落合古代史〉

天皇とワンワールド（国際秘密勢力）

京都皇統の解禁秘史

孝明天皇直系の京都皇統からの教示を得て日本列島と西北欧を「ワンワールド」の東西両極と判断、太古の日本列島を考察し、その真相の洞察を試みる、落合秘史・古代史への挑戦第一弾！…………

天皇と黄金ファンド

古代から現代に続く日本國體の根本

日本史はおろか世界史の中心に秘かに、しかし厳然と存在する「國體黄金ファンド」。日本列島に里帰りした応神天皇＝ホムダワケが創り、以後は今日まで皇室管理とされた信用材の全貌…………………

天孫皇統になりすました ユダヤ十支族

「天皇渡来人説」を全面否定する

京都皇統舎人からの電話、「今日のお言葉には落合の著作に対する陛下の思いが籠められている」。当今陛下の生前譲位に関する思いが、その日の午後三時に国民に伝えられた。陛下・殿下が天覧・台覧の落合古代史、戦後自虐史観の黒幕を暴く！………………………

四六判◉定価：各本体1800円（税別）

金融ワンワールド

地球経済の管理者たち

日本と世界の金融経済の裏のウラを熟知した男、15年ぶりの書き下ろし！ 地球経済を統べる者たちは実在する。ロンドンの金融界にビッグバンが生じた経緯を見れば、世界の金融カジノに隠れオーナーが存在していることが容易に察せられる。それは通貨を創造して通用させ、国家に貸して金利を得てきた勢力、彼らこそが「金融ワンワールド」なのである…………………………………………………

四六判◉定価：本体1700円（税別）

◉

ご注文は書店へ、直接小社Webでも承り

成甲書房の異色ノンフィクション

眼と耳で平易に腑に落ちる〈落合秘史DVD〉

DVD――活字に出来ない《落合秘史》

日本人が知るべき
「國體」と「政体」の秘密

落合秘史ライブ、初のDVD！ 今や伝説となった2015年秋の学士会館講演会を映像化。偽史征伐を「さる筋」に託された落合莞爾氏が、官製教科書通史を木っ端微塵に粉砕！……………………………

収録時間118分◉定価：本体5000円（税別）

DVD――活字に出来ない《落合秘史２》

金融ワンワールド
～天皇と黄金ファンドの秘密

世界の金を支配する者たちの数々の秘密――「ワンワールドと黄金の歴史」「ヤマト王権と黄金」「聖徳太子と國體資金」「古代イスラエル族と金融連合」「縄文海人アマ氏と渡来人アマベ氏」「ユダヤ陰謀論とワンワールド」「明治開国と黄金ファンド」「王室・宗教・金融・軍事ワンワールド」――珠玉の造詣を一挙公開……………………………

収録時間124分◉定価：本体4500円（税別）

DVD――活字に出来ない《落合秘史３》

南朝天皇・北朝天皇の機密
～明治天皇すり替えの極秘計画

今明らかになる現皇室の真相。現皇室は北朝なのか？ 南朝なのか？――「南北朝の強制統合」「護良親王の偽装薨去」「商業経済と荘園経済」「南朝の海外進出」「院政と黄金」「閑院宮家創設と水戸徳川家」「長州卒族の明治維新」「天皇のすり替えと大室寅之祐」「國體天皇・堀川辰吉郎」――ついに封印を解かれた國體の秘密………………

収録時間177分◉定価：本体4500円（税別）

◉

ご注文は書店へ、直接小社Webでも承り

成甲書房の異色ノンフィクション

薩長捏造史の虚妄を暴く〈落合秘史〉シリーズ

[Ⅰ] 明治維新の極秘計画
「堀川政略」と「ウラ天皇」

隠しきれなくなった歴史の真実――明治天皇すり替え説、決定版の登場。孝明帝は偽装崩御で国体天皇＝ウラ天皇、大室寅之佑は明治帝として政体天皇＝オモテ天皇、維新は天皇家と徳川家の極秘計画！近代日本の絵図「堀川政略」とは何か!?……………………

[Ⅱ] 国際ウラ天皇と数理系シャーマン
明治維新の立案実行者

伏見宮の指揮下に活動した「数理系シャーマン」の海外ネットワークの全貌が明らかに。孝明偽装崩御の奇策によって「東京＝オモテ天皇」「京都＝ウラ天皇」を創った堀川政略を暴いた落合秘史、維新の激動の陰にさらに驚きの人物群の存在が！……………………

[Ⅲ] 奇兵隊天皇と長州卒族の明治維新
大室寅之祐はなぜ田布施にいたのか

大室天皇論争についに終止符が打たれる！京都皇統代の加勢舎人からの仄聞――「護良親王の血を引く大室家を『玉』として周防国熊毛郡に匿った」「半島渡来民との混血・長州卒族の武士身分の悲願を維新に込めていた」――汲めども尽きぬ新史実の連続……………

[Ⅳ] 京都ウラ天皇と薩長新政府の暗闘
明治日本はこうして創られた

官製偽史を覆す落合秘史、日本近代史の核心へ！「権力・カネ・宗教」をめぐる京都ウラ天皇と薩長新政府の相克、慶喜排除を策した小御所会議クーデター、新政府を構想した紀州奉公衆、金銀価を規定した幣制、維新史の闇に洞察史観の鋭いメス……………………

四六判◉定価：各本体1800円（税別）

◉

ご注文は書店へ、直接小社Webでも承り

成甲書房の異色ノンフィクション

〈落合秘史〉が偽史のケガレを禊ぎ祓う

［5］欧州王家となった南朝皇統

大塔宮海外政略の全貌

日本の開国は在外大塔宮皇統の強制指令、孝明天皇も小栗忠順も偽装死して海外から新政府を操縦！米国亡命の小栗はフィラデルフィアから世界情勢を日本に知らせ、欧州ベネルクスに拠点を築いた南朝皇統は日本を強制開国させた。大塔宮海外戦略の全貌！…………

［6］日本教の聖者・西郷隆盛と天皇制社会主義

版籍奉還から満鮮経略への道

今日の東アジア情勢の根源はここにある。明治維新の表裏すべてを知っていた西郷は維新がもたらす職能社会の変改に戸惑う薩摩藩士たちに殉じるため、西南役で一命を投げ出した。これにより日本教の聖人となった西郷の信念は天皇制社会主義にあった。近代日本の精神を形づくる南洲の英断と蹉跌…………………………………………

［7］ワンワールドと明治日本

西郷は偽装死で渡欧、陸奥は國體参謀総長

京都皇統舎人の示唆――「落合よ、陸奥が判れば明治は解けるぞ」。西南戦役から本邦アヘン利権まで、日本の曙は秘密だらけ。佐伯祐三絵画の解明から国際秘密勢力の実在を覚り、戦後國體ネットワークに承認された落合秘史、ついに明治史の分厚い氷壁に挑む…………

［特別篇］南北朝こそ日本の機密

現皇室は南朝の末裔だ

さる筋、かく語りき！「崇光は実は護良の子」幕末維新の驚愕シナリオ「孝明天皇偽装崩御」の祖型は南北朝解消を策す「護良偽装薨去」にあった。「現在の皇室は北朝の末裔である」――この国史の聖域に敢然と挑戦、鮮やかに論証した特別篇…………………………………

四六判◉定価：各本体1800円（税別）

◉

ご注文は書店へ、直接小社Webでも承り

成甲書房の異色ノンフィクション

白熱のライブをDVD化！

落合秘史の神髄を著者みずから語る

好評発売中◉約**120**分収録◉本体**5,000**円（税別）

落合莞爾・禁断のライブ映像

活字に出来ない《落合秘史》

〜日本人が知るべき「國體」と「政体」の秘密〜

驚愕の日本史を続々解明中の落合秘史！古今の為政者が巧妙に隠蔽してきた史実を、京都皇統代・加勢舎人からの極秘情報で白日の下に曝していきます。読者の熱い要望に応えて初めて開催した講演会の貴重映像を収録しました。

ご注文は全国書店・
オンライン書店まで。
成甲書房Webショップ
（seikoshobo.co.jp）
でも承ります。